编 委 会

顾　　问　蔡建勋

主　　任　李炳球

副 主 任　龙家玘　傅志新

委　　员　刘韦玲　方逢春　蔡瑞芬

执行编辑　方逢春　莫绮嫦　李建明

东莞市革命遗址通览

中共东莞市委党史研究室 编

暨南大学出版社

中国·广州

图书在版编目（CIP）数据

东莞市革命遗址通览 / 中共东莞市委党史研究室编. —广州：暨南大学出版社，2021.6
ISBN 978 – 7 – 5668 – 3189 – 7

Ⅰ. ①东…　Ⅱ. ①中…　Ⅲ. ①革命纪念地—介绍—东莞　Ⅳ. ①K878.2

中国版本图书馆 CIP 数据核字（2021）第 110893 号

东莞市革命遗址通览
DONGGUAN SHI GEMING YIZHI TONGLAN
编　者：中共东莞市委党史研究室

....

出 版 人：张晋升
项目统筹：张仲玲
责任编辑：武艳飞　陈绪泉
责任校对：张学颖　黄晓佳　陈皓琳
责任印制：周一丹　郑玉婷

出版发行：暨南大学出版社（510630）
电　　话：总编室（8620）85221601
　　　　　营销部（8620）85225284　85228291　85228292　85226712
传　　真：（8620）85221583（办公室）　85223774（营销部）
网　　址：http://www.jnupress.com
排　　版：广州良弓广告有限公司
印　　刷：深圳市新联美术印刷有限公司
开　　本：787mm×1092mm　1/16
印　　张：16.625
字　　数：360千
版　　次：2021 年 6 月第 1 版
印　　次：2021 年 6 月第 1 次
定　　价：89.80 元

前　言

习近平总书记指出，"要把红色资源利用好，把红色传统发扬好，把红色基因传承好"。每一处革命遗址，每一件红色文物都蕴含着动人的故事，承载着革命精神，折射着革命先辈崇高的思想情操。为了进一步做好东莞市革命遗址的普查工作，按照广东省的部署，由市委党史研究室牵头，联合市委宣传部、市文化广电旅游体育局、市退役军人事务局，从 2019 年 8 月至 2020 年 5 月在全市组织开展新一轮革命遗址大普查，进一步掌握了东莞市革命遗址的基本情况，摸清了全市革命遗址的"家底"，为今后准确判断革命遗址的保护形势、科学制定革命遗址保护利用政策和规划红色旅游资源环境提供了翔实的依据。

按照广东省的要求，坚持高标准、严要求、重保护、存史迹的原则在全市开展普查，普查历史时期以新民主主义革命时期（1919—1949）为主。普查范围主要包括党领导东莞人民进行革命斗争的各类遗迹、遗址和纪念设施，重点是党的重要机构旧址，重要事件、重要会议、重要活动、重要战役战斗的遗址和发生地，重要党史人物和革命先烈的故居（旧居）、活动地等，革命历史类纪念馆、陈列馆、纪念园、纪念碑、纪念亭、烈士墓、烈士陵园等纪念设施。

本次普查是在 2018 年第二次革命遗址普查基础上进行的，从普查的情况来看，东莞市革命遗址总的来说分布较广、类别较多，大部分革命遗址还保持原貌，有部分经过了修缮，新增的革命遗址比较少。

东莞市红色革命遗址 117 处，红色革命遗址重要线索 26 处，其他遗址 16 处。其中列入国家级文物保护单位的革命遗址 2 处、其他遗址 3 处；省级文物保护单位的革命遗址 1 处、其他遗址 3 处；市级文物保护单位的革命遗址 29 处、其他遗址 2 处；省级爱国主义教育基地的革命遗址 3 处；市级爱国主义教育基地的革命遗址 26 处、其他遗址 4 处；省级中共党史教育基地的革命遗址 2 处，市级中共党史教育基地的革命遗址 12 处。

全市大部分镇街均分布有革命遗址，其中大岭山镇、莞城街道、大朗镇、厚街镇、东城街道、清溪镇、高埗镇、长安镇拥有数量较多，也比较集中。大致分布为：以大岭山镇大王岭村和瓮窑村为中心的辐射大朗、厚街、寮步、长安等镇的大岭山抗

日根据地遗址群，以莞城街道为主体的包括众多重要机构遗址、革命领导人故居的政治活动中心及地下党、爱国进步人士革命斗争遗址，以及水乡片（以高埗为中心）、山区片（以清溪、凤岗为中心）中共地下组织和游击武装革命斗争遗址等。除分布范围集中外，东莞革命遗址的时段性也较为突出，尤其是抗日战争时期的遗址、旧址资源较为丰富和齐全；中华人民共和国成立后修建的纪念设施比例较高。

除大岭山、莞城、水乡、山区一带的革命遗址分布较为集中外，其余地区则比较分散，区域分布的不平衡也较为突出。在全市 32 个镇街中，沙田、道滘、谢岗三个镇暂时未发现革命遗址，部分镇街只有1至2处革命遗址。一些遗址地处偏僻，人迹稀少（如战斗遗址、烈士墓）；一些遗址的线索不清，缺乏足够的史书记载和知情者，如大革命时期的重要机构和重要人物故居；一些遗址在历史变迁中已荡然无存。这些因素都加大了寻访难度，致使有的遗址至今无法确认详细地址。

红色革命遗址是党领导人民在长期革命斗争中铸造的宝贵精神财富，要加强对红色革命遗址的保护利用，广泛开展革命历史和革命传统教育，进一步激励广大的干部群众坚定信心、埋头苦干，努力在全面建设社会主义现代化国家新征程中开创东莞新局面，始终保持奋发进取的精神状态，为实现"湾区都市、品质东莞"努力奋斗，以新的成绩庆祝中国共产党成立 100 周年。

编　者
2021 年 3 月

目录 contents

199　第二篇　红色革命遗址重要线索（26处）

233　第三篇　其他遗址（16处）

255　后　记

第一篇

红色革命遗址（117处）

东莞可园——张如故居

张如故居位于莞城街道博厦社区。

张如（1911—1999），原名张广业，又名张虞，东莞莞城博厦人。1911年在可园绿绮楼出生。1935年7月加入中共外围革命组织中国青年同盟，在东莞组建分盟并担任书记。1936年秋加入中国共产党。1937年4月，任中共东莞县工作委员会副书记兼高埗支部书记。1938年4月，任中共东莞中心县委员兼东宝边区工委书记。1939年1月，东宝地区沦陷后，任中共东宝联合县委书记。1940年9月任中共香港市委委员、市委组织部部长。香港沦陷后，中共香港市委取消，任中共港九特派员。1943年2月任广东人民抗日游击队珠江纵队教育干事。

东莞可园整体俯视图

张如故居室内

　　1945 年 10 月后，先后从事文秘、文化、宣传、农村武装等工作。中华人民共和国成立后，历任中共东莞县土改委员会秘书，东莞县人民政府建设科科长、水利科科长，中共东莞县委常委，东莞县人民政府副县长，东莞县政协副主席，惠阳地区水电局副局长、科技局副局长等职。

绿绮楼

东莞可园组照

大岭山抗日根据地旧址

大岭山抗日根据地旧址，2006 年 5 月被国务院核定公布为第六批全国重点文物保护单位，2015 年 8 月被国务院公布纳入第二批 100 处国家级抗战纪念设施、遗址名录。该旧址包括 9 个部分。

大岭山抗日根据地整体俯视图

1. 广东人民抗日游击队第三大队大队部旧址

该旧址位于大岭山镇大岭村大王岭村民小组，是一座泥砖民房，坐西北向东南，面阔 11 米，进深 7 米，硬山搁檩结构，建筑面积 77 平方米。

大队部旧址

　　1940 年 9 月，中共东江前线特别委员会召开部队干部会议，决定把东江地区的人民抗日武装整编为广东人民抗日游击队，下辖第三、第五大队，在惠（阳）东（莞）宝（安）地区建立抗日根据地，开展敌后游击战争，领导中心设在东莞。1940 年 10 月，广东人民抗日游击队第三大队挺进东莞大岭山区开辟大岭山抗日根据地，在此设立大队部，广东人民抗日游击队领导机关也设立在此。第三大队在当地中共组织的大力配合下，紧紧依靠人民群众积极开展抗日斗争、建立抗日民主政权。大岭山抗日根据地成为全国 19 个抗日根据地之一——东江抗日根据地的重要组成部分，也是中国共产党在华南敌后地区最早建立的抗日根据地之一。

游击队日常用品组照

2. 广东人民抗日游击队第三大队操场旧址

该旧址位于大岭山镇大岭村大王岭村民小组，为一块不规则泥地，长46.5米，宽11~21米，面积约1 000平方米。

1940年10月，广东人民抗日游击队第三大队挺进东莞大岭山区开辟大岭山抗日根据地。为提高指战员的军事素质，增强部队作战能力，第三大队将此地辟为操场，开展军事训练。1941年5月，为适应部队迅速发展壮大和游击战争的需要，广东人民抗日游击队在大王岭举办军事训练班，第三、第五大队选送班、排干部参加。训练班曾在此操场开展军事训练。

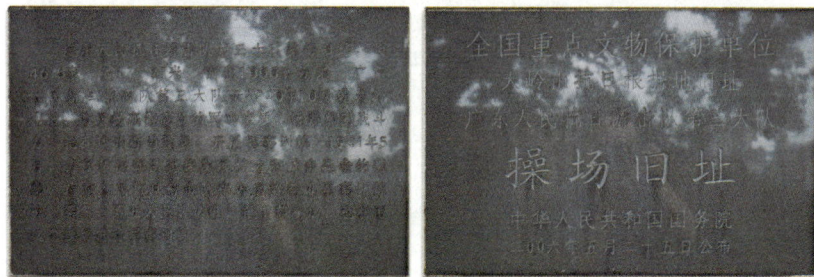

游击队第三大队操场旧址

3. 广东人民抗日游击队第三大队会议室旧址

该旧址位于大岭山镇大岭村大王岭村民小组。始建于清代，原是刘氏宗祠，三开间两进四合院式布局，面阔11米，进深16.5米，建筑面积184平方米。砖石砌筑，硬山搁檩结构。

1940 年 10 月，广东人民抗日游击队第三大队挺进东莞大岭山区创建抗日根据地。1940 年 10 月到 1941 年 10 月，第三大队机关设在大岭山大王岭村期间，广东人民抗日游击队领导人尹林平、梁鸿钧与第三大队负责人曾生、邬强和卢伟良等，经常在刘氏宗祠这个隐蔽地点开会，研究部队和抗日根据地的建设、讨论敌后游击战争的战略战术等问题。1941 年 5 月，为加强部队指战员的军事技能，提高战斗能力，广东人民抗日游击队军事训练班在此开班，学员住在会议室内。1941 年下半年，国民党军向大岭山抗日根据地发起大规模进攻。为保存实力，第三大队主力撤出大岭山到外线继续坚持作战。

刘氏宗祠（广东人民抗日游击队第三大队会议室旧址）

会议室旧物——绿釉茶壶

会议室旧物——青花茶壶

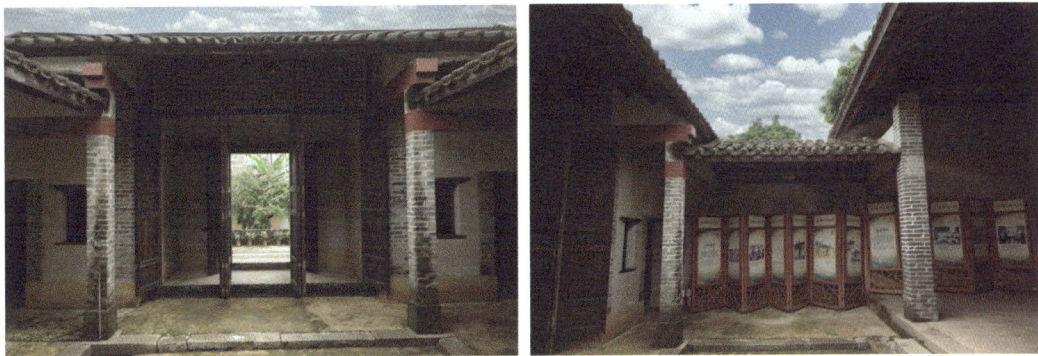

旧址内部组照

4. 广东人民抗日游击队第三大队粮食加工场旧址

该旧址位于大岭山镇大岭村大王岭村民小组，原为一座泥砖民房，坐西北向东南，宽 7 米，长 12 米，建筑面积近 50 平方米，硬山搁檩结构。

粮食加工场旧址

　　1940 年 10 月初，广东人民抗日游击队第三大队 70 多人挺进东莞大岭山区开辟大岭山抗日根据地。第三大队为了加强后勤军需工作，保证部队的粮食供应，在此开设粮食加工场，把稻谷、杂粮运到这里，请村民用竹笼磨、脚踏碓等工具进行简单加工，然后送回部队各伙食单位进行分配。从 1940 年 10 月到 1941 年 10 月，第三大队进驻大岭山近一年。后因国民党军对大岭山抗日根据地发起大规模进攻，考虑到力量悬殊，不宜在此地长久作战，决定将主力转移到大岭山外围作战。至此，粮食加工场撤销。

粮食加工场旧物

5. 广东人民抗日游击队第三大队大家团结报社旧址

　　该旧址位于大岭山镇大岭村大王岭村民小组，为一座泥砖民房，面阔 11 米，进深 9.3 米，建筑面积 102 平方米，硬山搁檩结构，典型的"金包银"砌法。

大家团结报社旧址

报社内部图

　　《大家团结》报于 1941 年 1 月由广东人民抗日游击队第三大队创办，杜襟南任社长，这是抗战时期中国共产党在广东敌后游击区创办的第一份报纸。该报为油印版，最初为 16 开，后改为 8 开小报本，每个星期出版一期，共出版了 20 期，主要进行抗日游击宣传，报道国内外新闻及东江地区抗日斗争情况等。当时报纸的新闻前期主要靠地下党从香港带回报纸获取信息，因此周期较长，后期则利用电台的收报功能获取新闻资料。1941 年 9 月该报与第五大队在宝安阳台山抗日根据地创办的《新百姓》报合并，是东江纵队机关报《前进报》的前身。

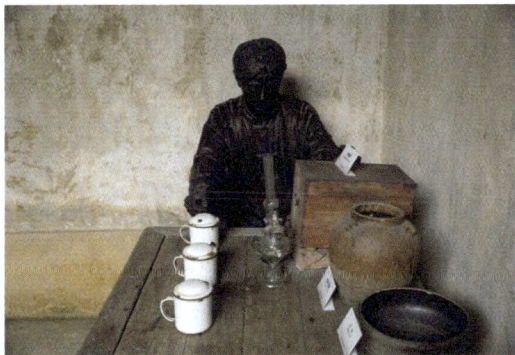

报社内部组照

6. 广东人民抗日游击队第三大队医务所旧址

该旧址位于大岭山镇大王岭村瓮窑村民小组，是一座泥砖民房，单间建筑，平面呈长方形，长 7.1 米，宽 7.6 米。

广东人民抗日游击队第三大队以大王岭村作为部队机关所在地，并于1941 年 4 月在瓮窑村设立医务所，救护伤病员。周昆、蔡冰如、韦世珍先后任负责人。由于当时医疗条件差、设备简单，医务所内只备有一个医药箱、几支退热针、一个消毒盒及几枚消毒针、少量药物和棉花、绷带，主要用盐水消毒并重复利用绷带。医务所工作人员千方百计克服医疗器械简陋、药品缺乏的困难，医治好不少部队的伤病员和当地病患。1941 年 10 月，国民党军进攻大岭山，第三大队主力撤出大岭山区，在外线坚持抗战，医务所也随之转移。

第三大队医务所旧址

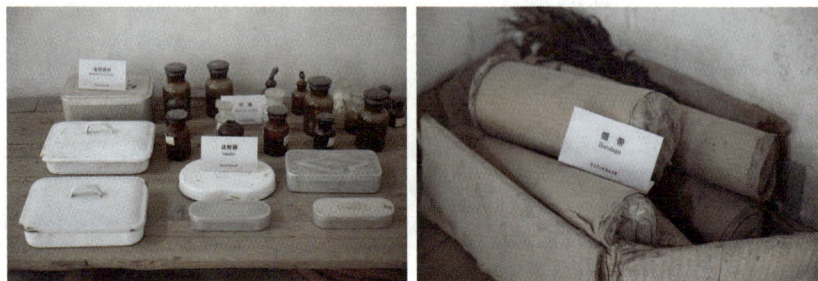

医务所内医用品组照

7. 大岭山抗日民主政权连平联乡办事处旧址

该旧址位于大岭山镇连平村计岭村民小组。原为李氏宗祠，始建于清代，坐东北向西南，三开间两进四合院式布局，面阔 11.3 米，进深 17 米，建筑面积 192 平方米。

连平联乡办事处旧址

1941 年 5 月，广东人民抗日游击队第三大队配合中共地方组织，在大岭山区已建立 8 个乡抗日民主政权的基础上，成立全区性的政权机构——连平联乡办事处，办事处设在李氏宗祠，马来西亚归侨刘荫为主任，负责处理根据地内的民政事务，实行减租减息，组织生产，有力地支援了游击队的敌后抗日游击战争。1941 年 10 月上旬，国民党军进攻大岭山根据地，由于力量悬殊，第三大队转出外线作战。刘荫等 7 名工作人员及医疗站医务人员、伤病员 10 余人转移到绒旗墩村。由于奸细告密，转移到绒旗墩的刘荫等人被敌军俘虏后活埋在山洞里或抛下深潭，英勇就义。

连平联乡办事处内部

8. 广东人民抗日游击队第三大队中山书院旧址

　　该旧址位于大岭山镇大岭村，为一座天主教堂，始建于清末，面阔 19.2 米，进深 20.6 米，占地面积近 390 平方米。

第三大队中山书院旧址

　　1940 年 10 月，广东人民抗日游击队第三大队挺进东莞大岭山区创建抗日根据地。随着游击队力量不断扩大，为提高部队和抗日根据地干部素质，第三大队于 1941 年 7 月在牛牯岭村天主教堂创办中山书院，院长为谭家驹。书院招收东莞、广州、香港、九龙等地的知识青年数十人，效仿陕北公学的办学方式，组织学员学习政治、文化、时事政策等，结业后分配到部队和地方工作。

　　2002 年，大岭山镇政府对中山书院进行重修，并举办东江纵队图片展，展出东纵历史及大岭山革命斗争史图片 40 多幅。

中山书院旧址内部组照

9. 广东人民抗日游击队第三大队交通站旧址

该旧址位于大岭山镇大岭村大王岭村民小组，为一座泥砖民房，面阔8米，进深9.9米，建筑面积79.2平方米。

第三大队交通站旧址

1941年10月，国民党军大举进攻大岭山抗日根据地，由于敌我力量悬殊，部队领导决定将主力转移到外线作战，只留下一个中队在大岭山区坚持战斗。为保持部队之间以及部队与中共地方组织的联系，第三大队在此以小商店作掩护设立交通站，秘密开展交通联络工作。当时大岭山区委委员黄业、李守仁、李植光、黄华等人一直坚持隐蔽在大岭山周围，和各个支部保持着密切联系。地下交通站在起到联络作用的同时，还担负情报传递工作，积极配合部队作战。

第三大队交通站内部

周恩来东征演讲台遗址

该遗址位于石龙镇中山公园内。

演讲台遗址坐南向北,始建年代不详。原为竹木临时搭建,后经多次拆建,以作开会、演戏之用。1949 年后始用砖石改建为文娱台、演讲台。遗址四周树木葱茏,一湾碧水绕于台后,环境清幽。

1925 年 10 月,广东革命政府组织第二次东征,讨伐盘踞在东江地区的军阀陈炯明。10 月 6 日,东征军总政治部主任周恩来率领政治部宣传总队进驻石龙。10 月 8 日,周恩来出席石龙各界人士与国民革命军的联欢大会,并发表演说。他说:"我们此次东征,都是为人民幸福而来,人民与革命军联合起来,如同一家兄弟一样,互相提携,帮忙去打敌人。"周恩来的讲话,受到群众热烈鼓掌欢迎。在周恩来率领的政治部宣传总队的宣传发动下,石龙人民认识了国民革命军东征的意义,积极行动起来,拥护和支持东征军。

周恩来东征演讲台遗址

周恩来在石龙的革命活动，给石龙人民留下了深刻印象。石龙人民热爱周恩来，怀念周恩来。周恩来东征演讲台遗址于 1993 年被东莞市人民政府公布为东莞市文物保护单位。1998 年 10 月，在周恩来诞辰 100 周年之际，石龙镇党委、镇政府修葺扩建中山公园内的周恩来东征演讲台，栽种翠柏，雕塑铜像。周恩来铜像按东征时期的戎装像、演讲时常用手势而铸，形象栩栩如生。铜像高约 2.5 米，后面竖立石碑，记其功绩。

广东人民抗日游击队东江纵队路东干部训练班旧址

该旧址位于清溪镇铁场村。原为一座岭南风格的传统佛教寺院建筑，名广缘庵，始建于明朝。原建筑现已全部垮塌，仅剩残墙。1997 年 10 月，村民集资在原址上修复了"广缘庵"的一部分，2017 年重修。

干部训练班旧址航拍图

　　1944 年 11 月，中共路东县委成立，随即在清溪铁场举办开辟山区政权训练班和党员骨干训练班。学员毕业后，组成两个工作队，称为铁流工作队和洪流工作队，分赴清塘区和常平区发展党组织以及民兵和农会组织，建立民主政权，发动群众参军，开展减租减息，发展生产等活动。

　　路东干部训练班旧址于 1982 年 8 月被东莞市人民政府公布为东莞市文物保护单位，并在旧址前广场立碑标记。2008 年 4 月被东莞市精神文明建设委员会命名为东莞市爱国主义教育基地。2016 年 11 月，路东干部训练班旧址被确定为东莞市中共党史教育基地。

广缘庵组照

路东干部训练班组照

周氏宗祠——中共东莞县委机关旧址

该旧址位于常平镇桥梓村（桥梓村原名为屋厦）。

1925 年秋，在中共党员、国民党中央农民部特派员蔡如平的组织发动下，屋厦农民协会在周氏宗祠成立。农会的主要负责人是周达墀（周时泰）、周一夔，会员约 300 人。农民协会组织农会会员和农民自卫军，与土豪劣绅进行斗争。

1927 年 4 月 12 日，蒋介石发动反革命政变，共产党转入地下活动。是年秋，中共东莞县委成立，县委书记蔡如平化装成猪肉贩子，带领部分县委成员秘密转移到屋厦，继续坚持斗争。县委在周达墀的商店里设立县委机关，该商店为周氏宗祠的附属建筑（现已拆毁）。县委将全县农民武装编成三个大队，其中以屋厦农民协会会员为基础组成常平大队，叶汉庭任大队长。同年 11 月，中共中央南方局军委委员赵自选到屋厦，主持召开东莞、宝安两县负责人会议，研究武装暴动，并成立东宝工农革命军总指挥部，蔡如平任总指挥，郑奭南（郑哲）任副总指挥，赵自选为顾问，下设四个大队：第一、二大队由东莞负责组建，大队长分别是周达墀、叶汉庭；第三、四大队由宝安负责组建。12 月中旬，县委在大岭山大沙乡召开紧急会议，讨论和制订进攻莞城、虎门的军事计划，以配合广州起义。后得悉广州起义失败，取消了原计划。1928 年 3 月 17 日，根据中共广东省委指示改组县委，新的东莞县委机关设在万江永泰村。

东莞县委机关撤出后，该处继续作为宗祠使用。东莞解放后，周氏宗祠曾用作屋厦大队部、屋厦供销社社址、桥梓老人协会等。1993 年，桥梓、苏坑、下圩三村集资依原貌维修，继续作为宗祠使用。

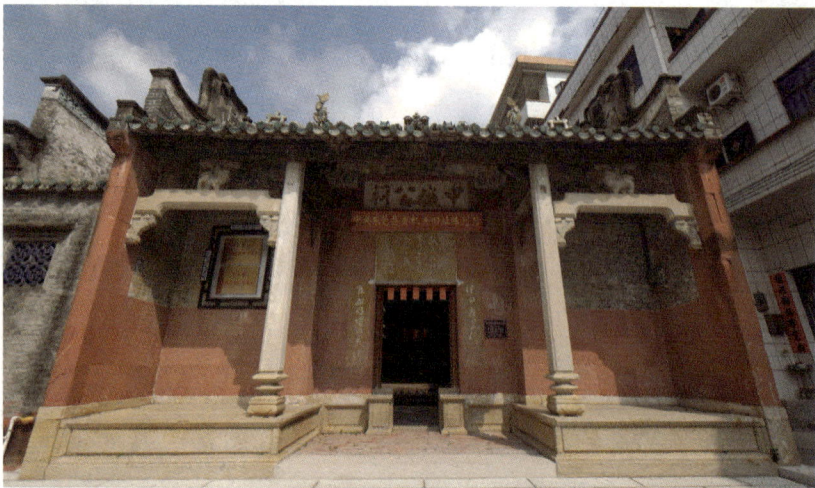

周氏宗祠（中共东莞县委机关旧址）

2004 年 1 月，周氏宗祠——中共东莞县委机关旧址被东莞市人民政府公布为东莞市文物保护单位。2015 年 6 月，中共东莞县委机关旧址陈列馆开馆。2016 年 11 月，中共东莞县委机关旧址被确定为东莞市中共党史教育基地。

周氏宗祠内部

周氏宗祠内部组照

入党誓词

中共东莞县委机关旧址陈列馆

物品陈列组照

寒溪水村古民居——罗立斌、罗克明、罗柱故居

该故居位于茶山镇寒溪水村岭仔巷 107 号。

罗立斌（1917—2009），原名罗彦兴，化名赵秋苇，寒溪水村人。1930年赴广州读书后投笔从戎，1936 年 10 月加入中国共产党，1937 年参加八路军。先后参加过抗日战争、解放战争、抗美援朝等战争，离休前任中共广西壮族自治区党委常委、自治区政府副主席。2009 年 3 月逝世。

罗克明（1920—1998），原名罗时兴，曾用名赵明，寒溪水村人。早年，就读于广东省立一中（广雅中学前身）。1936 年 9 月在广州参加中国共产主义青年同盟，1937 年在延安抗日军政大学马列主义学院学习，1940 年先后任豫、皖、苏边区党委党校教育科长、县委书记，1970 年先后任广东省革命委员会生产组办公室副主任、广东省财贸政治部副主任、广东省财贸战线党委副书记、广东省委第二办公室主任、广东省委党校第一副校长、新华社香港分社副社长、广东省六届人民代表大会常务委员会委员，1985 年任广东省人大常委会副主任。1998 年 12 月逝世。

罗柱（1912—1998），寒溪水村人。1939 年 3 月参加革命，1941 年 2 月加入中国共产党，1945 年任东北三纵队九师 27 团炮兵连连长，1947 年任东北三纵队炮兵团副营长，1948 年任东北三纵队炮兵团副政委。在辽沈战役中参加攻打锦州、四平战斗。1949 年任四野炮兵五师 44 团政委。1998 年 10 月逝世。

寒溪水村罗氏革命史迹陈列馆

陈列馆内部

罗立斌生平介绍

罗克明生平介绍

罗柱生平介绍

　　该故居始建于清光绪十一年（1885），2017 年在保存建筑原貌基础上进行修缮，故居由红石、青砖、封檐板雕花、墙壁壁画等建造。2017 年 4 月，寒溪水村村民委员会重新装修，升级改造为寒溪水罗氏革命史迹陈列馆（2 号馆）。陈列展厅 7 个，展板 18 幅，勋章复制品 3 个及相关书籍 7 本。建筑面积 390.37 平方米，保护范围面积 427.43 平方米。

　　罗立斌、罗克明、罗柱故居与罗涛故居两部分合并申报为寒溪水村古民居，于 2018 年 10 月被东莞市人民政府公布为第十一批东莞市文物保护单位。

寒溪水村古民居——罗涛故居

　　该故居位于茶山镇寒溪水村前塘街31号。

罗涛故居

罗涛（1922—1992），原名罗家实，寒溪水村人。受父亲罗允俭参加抗日革命活动影响，早年外出广州读书投身抗日革命工作。1938 年 10 月，加入中国共产党。抗日战争时期，曾任东莞县莞太区委宣传委员，1944 年 11 月，任中共路西县委新四区区委书记等职。1945 年 7 月，先后任东江纵队江南政治部宣教干事、路东税务处政治委员等职。抗日战争结束以后，调入中央社会部工作，历任副处长、代处长、处长等职。1978 年 10 月，任中共广东省委调查部副部长。1983 年 12 月离休。1992 年 12 月逝世。

罗涛故居始建于清德宗光绪八年（1882），2017 年在保存建筑原貌基础上进行修缮，故居由红石、青砖、泥瓦等建造。2017 年 4 月，寒溪水村村民委员会重新装修，升级改造为寒溪水罗氏革命史迹陈列馆（1 号馆）。陈列展厅 3 个，展板 7 幅。建筑面积 147.23 平方米，保护范围面积 169.63 平方米。

罗涛故居内部

罗涛生平介绍

霄边农民协会旧址

该旧址位于长安镇霄边社区，由苣诒堂蔡氏大宗祠、德馨堂蔡氏宗祠、伏波将军庙、廷玉蔡公祠四处建筑组成。

这四处分别始建于 1580 年、1680 年及 1850 年（两处）前后。其中苣诒堂蔡氏大宗祠于 1937 年重修，坐西向东，为三间三进四廊二天井合院式布局；德馨堂蔡氏宗祠于 2006 年重修，坐西向东，为三间三进四廊二天井合院式布局；伏波将军庙于 2009 年重修，坐北向南，主体为三间二进一拜亭合院式布局；廷玉蔡公祠坐西向东，为三间二进二廊一天井合院式布局。苣诒堂占地面积 633 平方米，伏波将军庙占地面积 330 平方米，德馨堂占地面积 539 平方米，廷玉蔡公祠占地面积 231 平方米。

1924 年 6 月，蔡如平、蔡日新等社会主义青年团团员受团广东区委的委派，回到东莞县开展农民运动，成立东莞县农会筹备处。两个月时间，加入农会的农民超 4 000 人，县农会筹备处拟把霄边乡作为全县农民运动的中心。

霄边农民协会旧址航拍图

8月12日，东莞县农会筹备处在霄边乡举行东莞农民联欢大会，彭湃以国民党中央农民部秘书身份、阮啸仙以国民党中央组织部特派调查员身份，出席大会并发表演说。至8月底，有洪屋涡、霄边、锦厦、涌头、下边、厦岗、五桂塘等乡农民加入农会，与霄边毗邻的宝安县一些乡的农民也加入东莞县农会，会员超过万人。

1924年9月10日，东莞县第一区农民协会成立，蔡如平任农民协会执行委员长，李海东任副委员长，加入农会的有20余村千余户人家，人数达5 000以上。农民自卫军也随之建立，有自卫军30余人，李海东兼任队长。

农民协会成立那天，会场设在霄边将军山下的祠堂里，犁头红旗迎风飘扬，会场周围贴满了"打倒土豪劣绅"等标语，并张贴漫画揭露地主豪绅压榨农民的丑恶面目。会场上"打倒列强，除军阀"的革命歌声响彻云霄，"热烈庆祝第一区农民协会成立"的口号声振奋人心。会员们都佩戴铜质犁头红旗的圆形襟章和印有"第一区农民协会"的布质臂章，兴高采烈地参加大会。当时，共产党员彭湃、阮啸仙以农民运动特派员身份，专程从广州赶来参加第一区农民协会成立大会，并发表演说，赞扬霄边农会的成立为东莞农民运动作出了榜样。蔡如平也在会上讲话。晚上，举行联欢会，彭湃表演白话喜剧，逗得人们喜笑颜开；蔡如平表演双簧等节目，揭露帝国主义、军阀的丑恶面目，赢得全场观众的热烈掌声。

当时霄边农民协会办公地点设在德馨堂；东莞县第一区农民协会和农民自卫军在一起办公，地点设在苢诒堂；农民协会领导下的罢耕委员会办公地点设在伏波将军庙。霄边农民协会成立后，注重维护社会治安，惩处违法分子，关心农民的福利事业，办好学校，家庭贫苦的子女可免费入学、鳏寡孤独者可得到农会的照顾。同时，农民协会领导农民开展减租减息、斗土豪运动，也注意培养骨干力量。1925年1月1日至4月3日，国民党中央在广州举办第三届农民运动讲习所，霄边农民协会派蔡力、蔡兆等人前往学习。通过学习，他们不仅提高了对农民运动的认识，而且掌握了军事斗争的基本要领。1924年至1926年秋是农民协会发展时期。霄边作为东莞建立农民协会较早的地区，一度成为东莞县农民运动的中心。1927年4月，大革命从高潮走向失败，共产党员蔡日新被杀害，霄边农民协会停止活动，霄边农民运动被暂时镇压下去。抗日战争时期，伏波将军庙还成为广东人民抗日游击队东江纵队活动的地区之一。

2004年1月，霄边农民协会旧址被东莞市人民政府公布为东莞市文物保护单位。2008年4月，霄边农民协会旧址被东莞市精神文明建设委员会命名为东莞市爱国主义教育基地。

中共东莞特别支部机关旧址

该旧址位于莞城街道象塔街 19 号（原为寺前街 12 号）。

1925 年 11 月，中共东莞支部改组为中共东莞特别支部，隶属中共广东区委领导，此时有党员 10 余人，多数人同时是共青团员，党、团组织仍合在一起活动。由莫萃华担任中共东莞特别支部书记，机关设在莞城寺前街 12 号。

中共东莞特别支部成立后，根据中共广东区委的指示，积极推动国民党东莞县党部的改组，基本掌握了国民党东莞县党部，在 7 名县党部执行委员中，有 5 名是中共党员，他们是国民党东莞县党部组织部长袁昌善、农民部长莫萃华、工人部长陈兆魁、宣传部长黄国器、青年妇女部长黄华东。县党部秘书叶史苏也是共产党员。李立本、周棠、刘伯刚、张乾楚等共产党员、共青团员被选为县党部各部干事。国民党县党部的改组成功，标志着东莞国共合作局面的形成和革命统一战线的建立，有力地促进了工人运动、农民运动、学生运动和妇女运动的发展。

中共东莞特别支部机关旧址航拍图

　　该旧址是一邓姓人家私宅，1926 年初原东莞中学学生党员李鸿举租用此处作为学生温习功课地点，实际是中共东莞特别支部机关。

中共东莞特别支部机关旧址

中共东莞县委机关旧址（温塘）

　　该旧址位于东城街道温塘社区苏中村市边路 28 号，这间青砖瓦房也是袁振英的故居。

中共东莞县委机关旧址
航拍图

1940 年 6 月，中共东宝联合县委撤销，由陈铭炎、黄树楷、王士钊组成中共东莞县委员会，初时隶属中共惠阳中心县委，同年 8 月后隶属中共东江前线特委，机关设在温塘乡袁厚常家的一间平房里。下辖5个区委：大岭山区委、常平区委、莞太区委、水乡区委、清塘区委，总共有党员 510 人，陈铭炎任县委书记，黄树楷任组织部长，王士钊任宣传部长，谢阳光任武装部长，王河任妇女部长。当时，东莞县委的主要工作是领导东莞人民开展敌后抗日斗争，在水乡一带组织抗日武装和抗日团体，在国统区开展统战工作。

袁振英（1894—1979），笔名震瀛。1894 年 7 月 14 日出生于此地，11 岁随父母到香港，并进入香港的英文学堂读书。1915 年入北京大学文学院学习。1920 年任《香港晨报》编辑及广州《民号报》《新民国报》编辑。在此期间，为声援广东学生反对"二十一条"、抵制日货的斗争，组织广东游东记者团赴日本、朝鲜等地进行宣传活动。同年 7 月回国途经上海时，应陈独秀之邀，担任《新青年》"俄罗斯研究"专栏的主编工作，积极宣传马克思列宁主义。同年 8 月加入上海的共产党早期组织和上海社会主义青年团，并参加《共产党》月刊的编辑工作，为中国共产党和中国社会主义青年团的创立作出了重要贡献。

中共东莞县委机关旧址

中共东莞县委机关旧址

1920 年底赴广州，任广东省立第一中学校长。1921 年春在广州参与组建广州共产党早期组织，成为广州共产党早期组织的成员。

1921 年 8 月，赴法国里昂中法大学留学。1924 年 8 月博士毕业回国，任国立广东大学（中山大学前身）教授。1926 年任中央军事政治学校政治教官。中华人民共和国成立后，在广东省文史研究馆工作。1979 年 1 月逝世。

中共东莞县委机关旧址
内部

陈氏宗祠——东莞新四区联乡办事处遗址

该遗址位于南城街道袁屋边社区。

袁屋边乡位于莞（城）太（平）公路篁村路段的丘陵地区。1942 年春，广东人民抗日游击总队第三大队为了巩固和扩展大岭山抗日根据地，派出民运队到袁屋边活动，发动和组织群众成立了农会组织——岗岭会，随后又成立民兵队和乡民主政府，袁屋边成为抗日游击队的一块抗日根据地。1944 年 6 月，广东人民抗日游击队东江纵队东莞大队大队长张英，在袁屋边陈氏宗祠（南祠堂）召集袁屋边、白马、石鼓、赤岭等乡的群众代表开会，宣布成立抗日民主政权东莞新四区联乡办事处，会议选举张英为办事处主任，陈德枫、张高峰为副主任。办事机构设在袁屋边蔡屋基村，但陈氏宗祠（南祠堂）仍作为开会或临时办公场所。1945 年，上级党组织增派陈文慧为办事处指导员。东莞新四区联乡办事处管辖范围为莞太路沿线的乡村，其主要任务是：在莞太线上的袁屋边、新基、翟家村、白马、石鼓、赤岭、桥头、三屯、河田、白濠、白沙等地建立乡、村抗日民主政权；发动群众开展生产运动和减租减息运动；组织民兵维持治安、开展抗日斗争、协助东江纵队作战等。东莞新四区联乡办事处于 1946 年 6 月东江纵队北撤时撤销。

陈氏宗祠（东莞新四区联乡办事处遗址）

2012 年 11 月，袁屋边陈氏宗祠（南祠堂）被东莞市人民政府公布为东莞市文物保护单位。

陈氏宗祠内部

陈氏宗祠内景

陈氏宗祠组照

东莞县新四区人民政府遗址

该遗址位于中堂镇潢涌村德本坊大街亲仁巷容海黎公家祠。

1949 年 8 月，在中共领导的水乡游击队的接连打击下，占据潢涌的国民党东莞县保警第三大队撤出潢涌。游击队进驻潢涌，随之公开建立民主政权，成立东莞县新四区人民政府，罗金润任区长，陈成来任副区长，区政府设在潢涌村容海黎公家祠。新四区区政府成立后，公开张贴布告扩大影响，事前酝酿好的地下乡村组织亦公开活动。同时，秘密建立三个武装连（蛟龙、青龙、过江龙），集中在潢涌整训，开展形势教育，同时进行军事训练，提高部队战斗力，每连 100 人左右，共 300 多人。三个连平时分散在附近农村活动，必要时集中打击敌人。

1953 年土改结束后，区政府撤销。1956 年，容海黎公家祠曾作为潢涌小学分校，1958 年曾用作人民公社食堂。

东莞县新四区人民政府遗址内部组照

熊氏宗祠——东江纵队第一支队三龙大队 指挥部旧址

该旧址位于高埗镇低涌村熊二村民小组。

熊氏宗祠建于 1781 年，1931 年重修。坐西北向东南，三间二进两廊合院式布局，面阔 8.58 米，进深 15.02 米。砖木石结构，硬山顶，龙舟脊，抬梁与穿斗混合式梁架，碌灰筒瓦，滴水剪边，青砖墙，红砂岩门框、勒脚。

为开辟东莞水乡抗日根据地，1944 年 9 月 19 日，东江纵队第一支队三龙大队 200 多人在大队长谢阳光、政治委员何清的率领下挺进高埗镇低涌村，指挥部设在低涌村熊氏宗祠里。部队到达低涌村后，进行了几次较大的战斗，取得了较大的战绩。如粉碎日军的"扫荡"，俘虏伪军"抗红义勇军"团长李女，击退伪军李潮部的反扑，攻克盘踞在高埗的刘棠伪军，解放高埗，在蕉利击退日、伪、顽军的联合"围剿"等。三龙大队在低涌村建立抗日游击根据地，建立抗日民主政权，成立农会、妇女会、民兵大队和儿童团。1945 年 4 月 23 日，三龙大队撤出水乡。

熊氏宗祠（东江纵队第一支队三龙大队指挥部旧址）

解放战争时期，中国人民解放军粤赣湘边纵队东江第一支队第三团青龙队、蛟龙队等游击队曾进驻低涌熊氏宗祠，以此作为临时指挥部。

2004年1月，熊氏宗祠——东江纵队第一支队三龙大队指挥部旧址被东莞市人民政府公布为东莞市文物保护单位。

熊氏宗祠内景组照

革命人物介绍

苏氏宗祠——东江纵队第一支队三龙大队驻军营地旧址

该旧址位于高埗镇低涌村苏屋村民小组。

苏氏宗祠建于1713年，1983年重修，坐西北向东南，三间三进两廊合院式布局，面阔11.51米，进深37.85米。砖木石结构，抬梁与穿斗混合式梁架，碌灰筒瓦，滴水剪边，青砖墙，红砂岩门框、勒脚。二进供奉祖先神位。面积400平方米。

　　1944年9月19日，东江纵队第一支队三龙大队200多人在大队长谢阳光、政委何清的率领下挺进高埗镇低涌村，驻军营地设在低涌苏氏宗祠里。1945年4月23日，三龙大队撤出水乡。三龙大队撤走后，解放战争时期，青龙队、蛟龙队等游击队曾进驻低涌苏氏宗祠，作为临时驻军营地。

　　东江纵队第一支队三龙大队驻军营地旧址，2004年1月被东莞市人民政府公布为东莞市文物保护单位。

苏氏宗祠

苏氏宗祠组照

苏氏宗祠（东江纵队第一支队三龙大队驻军营地旧址）

水乡地区地下党联络点旧址

该旧址位于高埗镇上江城村东圃小学，其前身是李氏宗祠，始建于清顺治年间，乾隆己丑年（1769）重建，道光辛卯年（1831）重修，民国二十四年（1935）再次重建。

1937 年春，爱国青年李一之在上江城创办东圃小学，被推选为校长。他把学校作为开展抗日救亡宣传活动重要阵地，与教师们精心编写《救亡三字经》，组织发动学生到莞城的公共场所传诵、散发。东圃小学师生们还利用假日到邻近乡村，运用灵活的形式向群众传授文化知识和宣传抗日。

东圃小学是抗日战争时期上江城中共地下党的联络点。在东圃小学的教育培养下，许多学生走上革命道路，其中杰出代表有东江纵队战士、志愿军烈士李云祥。东莞解放后，东圃小学继续保留。2002 年 3 月东圃小学搬迁，旧址于 2011 年改作上江城老人活动中心。

2004 年 1 月，水乡地区地下党联络点旧址被东莞市人民政府公布为东莞市文物保护单位。

水乡地区地下党联络点旧址

东圃小学正门

东圃小学内部组照

莫萃华故居

该故居位于洪梅镇洪屋涡村东南坊。

莫萃华（1904－1929），原名莫进关，1904 年生于洪梅镇洪屋涡村。他的父辈原在太平经营谷米生意，家境比较丰裕。莫萃华少年时代在莞城县立高等小学读书，后进入东莞中学就读。由于家道中落，莫萃华不得不中途辍学，随父到广州谋生，当了一名工人。

莫萃华画像

1920 年秋参加粤军。1923 年春加入广东社会主义青年团。1923 年夏秋间，他受广东社会主义青年团代理书记阮啸仙的派遣，回到家乡洪屋涡村开展建团工作。10 月，在洪屋涡建立社会主义青年团广东区直辖东莞支部。这是东莞第一个社会主义青年团支部，莫萃华任支部书记。1924 年 10 月莫萃华在洪屋涡建立了农民协会和农民自卫军。11 月，青年团东莞特别支部建立，莫萃华任书记。与此同时，被团广东区委介绍加入中国共产党，成为东莞第一批共产党员之一。12 月，中共东莞支部成立，莫萃华为支部书记。1925 年 11 月，中共东莞支部改为特别支部，莫萃华为书记。

1926 年 5 月，莫萃华调中共广东区委工作。不久，被派到三水县开展工作。同年 11 月，调任中共四会县特别支部书记。在四会县先后恢复了被土豪劣绅破坏的农会，健全了党组织。

1927 年 4 月，国民党反动派在广州发动反革命政变，莫萃华离开四会县，回到东莞转入秘密活动。

莫萃华故居及洪梅党史陈列馆

莫萃华故居内部组照

党史陈列馆内部组照

1928 年 12 月广昌隆事件后，中共东莞县委机关遭到国民党反动派的破坏。莫萃华回到洪屋涡准备赴苏联学习，后因经费无着，无法成行。经党组织同意，他打入东莞水乡土匪队伍，在土匪头子丁福身边担任书记员（文书），准备伺机把土匪武装争取过来。翌年初，莫萃华随队伍在增城仙村与国民党地方团队袁华照部发生战斗，不幸中弹牺牲，年仅 25 岁。

莫萃华故居原是三间二廊青砖瓦屋，1966 年因残旧被拆除，改建成一间直头屋（建材多取自原故居之旧料）。2011 年 7 月洪梅镇人民政府对莫萃华故居重新修葺并对外开放。2016 年 11 月，莫萃华故居被确定为东莞市中共党史教育基地。2018 年 3 月，洪梅镇人民政府在莫萃华故居旁边新建的洪梅党史陈列馆正式开馆。

蔡氏宗祠——新五区联乡办事处旧址

蔡氏宗祠（新五区联乡办事处旧址）内景组照

　　蔡氏宗祠位于长安镇霄边社区正大街南社八巷，始建于 1850 年前后，是霄边蔡氏十九世祖所建，2006 年重修。此处也是大革命时期霄边农民协会旧址。

　　1941 年初，广东人民抗日游击队在霄边秘密成立霄边联乡办事处，刘荫任办事处主任，办公地点设于蔡氏宗祠内，办事处归大岭山抗日根据地管辖。1944 年 9 月，东莞新五区联乡办事处成立，辖怀德、沙头、赤岗、锦厦、乌沙、厦岗、北栅、霄边等 9 个乡。办公地点依旧设于此处。联乡办事处成立后，立即发起"节约粮食，以杂代粮，共度时艰"活动，开展"减租减息、退租退押"运动。年底，新五区联乡办事处撤销，成立新五区抗日民主政府，蔡如平（后万明）任区长。1945 年秋，新五区出动抗日自卫队 300 余人配合部队打击进犯的伪军，毙伤伪军 100 余人。

　　1946 年 6 月 30 日，东江纵队主力北撤，非武装人员复员疏散，新五区区政府停止工作。从东莞新五区联乡办事处成立到新五区抗日民主政府结束，时间约一年零九个月。

　　2004 年 1 月，东莞新五区联乡办事处旧址蔡氏宗祠被东莞市人民政府公布为东莞市文物保护单位。

蔡氏宗祠（新五区联乡办事处旧址）

蔡氏宗祠组照

伏波将军庙——三打霄边战斗旧址

该旧址位于长安镇霄边社区将军山。

霄边地处东莞与宝安交界处，是宝（安）太（平）线上的交通要道，并凭借将军山居高临下的险要地势而成为抗日战争时期敌我争夺的一个军事要地。日伪军以将军山山腰的伏波将军庙为据点，构筑坚固的防御工事。日伪军的这个据点，一方面严重威胁着大岭山抗日游击根据地的安全，另一方面就像一颗钉子卡在宝太线上，严重阻碍了大岭山与阳台山两个抗日游击根据地的联系。因此，广东人民抗日游击队东江纵队决心拔掉日伪军布防在将军山的据点。

1944年2月，东江纵队主力部队第五大队奉命攻打将军山，由黄辉中队执行主攻任务。2月13日凌晨，经过30分钟的激烈战斗，全歼伪军第30师119团一个重机枪连，缴获重机枪2挺、轻机枪1挺、长短枪40余支，毙伤敌10人，俘敌30余人。此战，长安当地中共组织发动民兵150余人配合战斗。同年6月5日，东江纵队第五大队和宝安大队在民兵的配合下袭击驻霄边伪军第30师88团一个营，毙敌8人，伤敌7人。第五大队中队长黄辉以下官兵15人牺牲，负伤11人。同年10月25日，东江纵队主力部队第一支队袭击霄边，俘伪军15人，收复霄边，并击退伪军麦浩部及伪军第45师一部的进犯。东江纵队三打将军山，均取得胜利。

伏波将军庙（三打霄边战斗旧址）

三打霄边战斗旧址的核心建筑物伏波将军庙，于 2004 年 1 月被东莞市人民政府公布为东莞市文物保护单位。

伏波将军庙组照

东莞新三区抗日民主政府旧址

该旧址位于寮步镇泉塘村泉新街 5 号兼六公祠。

1944 年 12 月，东（莞）宝（安）行政督导处下辖的新三区抗日民主政府成立，龙洸任区长，辖寮步、桑园、两头塘、温塘、横坑、浮竹山、余屋、周屋、增埗、良平等乡。区府设在寮步泉塘兼六公祠，在村里设立农会、妇救会、卫生站等组织。黄锦培任农会长，黄棠任民兵大队长，韩可见任妇救会主办干事，还有袁卫民、曾玲所领导的政工队常在寮步乡四处活动。新三区区府干部组织村民开展抗日救亡和减租减息运动，积极发动青年参加抗日游击队，抗击日伪军，打击国民党军的进犯。

抗日民主政府旧址

1945 年 3 月新三区并入新一区，兼六公祠归泉塘新围村，现已残旧。

抗日民主政府旧址内部

殷氏宗祠——大沙乡农民协会旧址

该旧址位于大岭山镇大沙村旧围。

殷氏宗祠（大沙乡农民协会旧址）

1925 年秋，广东农民运动领袖彭湃在此开展农运串联。随后，在中共东莞地方组织的发动下，成立了大沙乡农民协会和农民自卫军，会址设在殷氏宗祠，于此处开展农民运动。

1927 年 12 月 17 日，中共东莞县委领导人蔡如平等在此召开紧急会议，研究布置响应、支援广州起义的工作。

殷氏宗祠内景组照

1938 年初至 1941 年，中共地下党员张英受东莞县党组织的委派来到大沙乡开展抗日游击基地建设，以殷氏宗祠为据点，建立了党支部，发展了邝应陶、殷灿林、邝池寿 3 名党员，同时在此以抗匪保家乡为名，组织大沙乡抗日常备队，培训了 100 多名抗日自卫队员，成为大岭山区人民抗日斗争的一支重要武装力量。

2004 年 1 月，殷氏宗祠被东莞市人民政府公布为东莞市文物保护单位。

殷氏宗祠内部

中共东宝联合县委地下交通站遗址

　　该遗址位于大岭山镇太公岭村新围，原为当地村民邝应陶夫妇的民居，现仅存遗址。

　　1938 年 1 月，中共地下党员张英第一次到太公岭以教师身份作掩护，住在邝应陶家，秘密开展宣传、组织、联络抗日工作。1938 年 10 月在此成立中共太公岭支部，张英任支部书记，发展了邝应陶、殷灿林、邝池寿 3 名党员。1939 年在此建立中共东（莞）宝（安）联合县委机关交通总站，县委领导张如等经常住在这里，听取工作汇报，召开会议，研究抗日工作。1940 年春，东江人民抗日武装转移海陆丰时，由张英亲手在园内埋下 20 多支枪和地下党员名册，在埋藏位置种下了芒果树作标记。1940 年 6 月，中共东宝联合县委撤销，中共东莞县委成立，交通站仍继续保留并发挥作用。1940 年 9 月至 11 月，中共东江前线特委书记尹林平、中共东莞县委委员黄佳也曾在此居住。

　　该遗址于 2002 年被拆除。2004 年 1 月，被东莞市人民政府公布为东莞市文物保护单位。

中共东宝联合县委地下交通站遗址

邝氏宗祠——抗战期间开展军事训练活动地旧址

该旧址位于大岭山镇太公岭村旧围。

邝氏宗祠组照

1938 年 1 月，中共东莞中心支部派张英到大岭山开展工作。张英在当地群众的支持下，以太公岭村为中心，向四周的乡村开展抗日救亡宣传工作，训练壮丁，在各村组建自卫队，同时建立中共支部，发展党员，在太公岭村建立一个交通接待站，打下了群众基础。1938 年初，张英在邝氏宗祠以办学为掩护，开展宣传、组织抗日救亡工作。同年 12 月，以宗祠前地堂作操场进行军事训练。

邝氏宗祠于 1962 年和 2007 年分别进行过两次重修，现在旧址保存良好，并基本恢复了原貌。2004 年 1 月，被东莞市人民政府公布为东莞市文物保护单位。

邝氏宗祠内部

邝氏宗祠内部对联

党史介绍

邝氏宗祠内景组照

广东人民抗日游击队军械修理厂遗址①

该遗址位于大岭山镇太公岭村新围绍同祖家祠。

1940 年底至 1941 年，广东人民抗日游击队第三大队在东莞大岭山太公岭绍同祖家祠开设军械修理厂，翻装子弹、地雷及修理失效的枪支等军械武器。当时军械修理厂仅靠几部破旧车床，修理战斗中损坏的武器，并制造简陋的土手榴弹，人员和设备常随部队转移活动。

广东人民抗日游击队军械修理厂于 1958 年因年久失修成危房而拆除，现仅存遗址。2004 年 1 月，被东莞市人民政府公布为东莞市文物保护单位。

军械修理厂遗址石碑

军械修理厂遗址

---

① 根据广东省革命遗址大普查结果，确定此处为广东人民抗日游击队军械修理厂遗址。

墩厚堂——抗战时期党员妇女干部培训班旧址

该旧址位于大岭山镇太公岭村园山村民小组。

1938年8月，中共东莞中心县委在太公岭村墩厚堂召开第一次妇女工作会议。会议由县委妇女部长王河主持，赵学光、黎颖瑜、曾玲、谢坚、何欢、黄宝珍等妇女干部参加。1939年上半年，中共东（莞）宝（安）联合县委机关曾移到此地办公，于同年7月举办了一期党员训练班。

抗战期间党员妇女干部培训班旧址于2004年1月被东莞市人民政府公布为东莞市文物保护单位。

革命史料记载

党员妇女干部培训班旧址

广东人民抗日游击队第三大队驻地旧址

该旧址位于大岭山镇太公岭村洪裕邝公祠。

1938 年初，中共地下党组织在此训练抗日青年。同年 12 月，中共东莞中心县委委员、抗日模范壮丁队队长王作尧带领 60 多名队员，从屏山、水口来到大岭山，当晚进驻洪裕邝公祠。1940 年 10 月，广东人民抗日游击队第三大队 70 多人挺进大岭山，第一晚住在洪裕邝公祠，在这里整训 4 天后开往大环。

1941 年 10 月 7 日，洪裕邝公祠二进院被国民党军烧毁，20 世纪 50 年代初期，村民在原址重建时改变了邝公祠二进院的原貌。后期因生产活动的影响及年久失修，邝公祠损坏严重，成为危房。

2004 年 1 月，洪裕邝公祠被东莞市人民政府公布为东莞市文物保护单位。

洪裕邝公祠（广东人民抗日游击队第三大队驻地旧址）航拍图

广东人民抗日游击队第三大队前线作战指挥部遗址

该遗址位于大岭山镇观音山的观音庙。

1941年6月1日，国民党军分两路向大岭山进犯：一路由驻金橘岭的刘光、杨参化两个大队向太公岭、百花洞进攻，在长排坡地受到广东人民抗日游击队第三大队大华队、虎门队及民兵自卫队的阻击；另一路黄文光大队150多人，从大朗经杨屋，约在上午10时到达大塘村。黄文光部不敢贸然开进大王岭，准备向牛牯岭、矮岭岗方向与刘光、杨参化部会合。第三大队指挥员命令第五大队的石龙队、铁路队迅速转到大塘打击国民党军。石龙队在牛牯岭村后山岗上向国民党军展开进攻，迫使黄文光部队边打边退。这时，铁路队赶到，用重机枪向敌人射击，黄文光部只得退到矮岭岗村后侧的浓密松林里。反击战持续到下午，打退了国民党军的进攻。此战毙伤敌军五六人。石龙队战士曾志强（清溪苦草洞人）牺牲。建在山腰处的观音庙成为当时广东人民抗日游击队第三大队的前线作战指挥部。

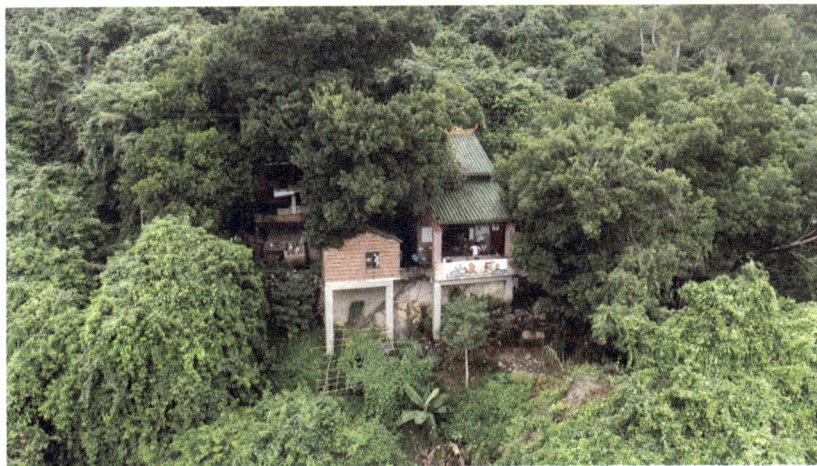

前线作战指挥部遗址航拍图

1982 年，大岭山镇大片美村的村民，将观音庙在原地拆除重建。1993 年6 月被东莞市人民政府公布为东莞市文物保护单位。

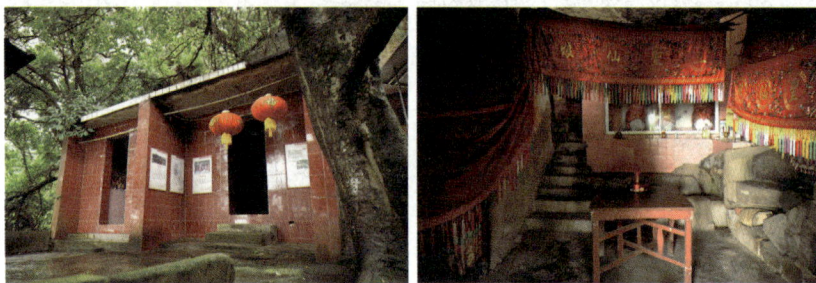

前线作战指挥部遗址组照

广东人民抗日游击队第三大队马山情报点遗址

该遗址位于大岭山镇百花洞村马山山腰龙岩洞内，洞口位于马山七姐庙旁。

此情报点为 1941 年初广东人民抗日游击队第三大队第四、第五小队的主要活动场所。情报员接受任务后，以马山七姐庙为落脚点，白天隐蔽天黑进村，有时一夜转移几个地方，然后再将搜集到的情报放到此石洞内。

马山情报点遗址航拍图

"马山仙境"牌坊

　　1943 年 11 月，日军对大岭山抗日根据地发动"万人大扫荡"，在敌强我弱的情况下，广东人民抗日游击总队以王作尧为首的几位部队主要领导人一面派出部队阻击日军，一面将队伍拉上马山庙。当晚，王作尧、杨康华、邬强等人在马山庙的石洞内设立临时指挥所，并召开紧急会议。通过分析敌情，决定组织部队夜间突围，并对突围部署作了详细研究。游击队大部队兵分三路突围成功，剩余 10 多名伤员不能随队行动，安排在石洞掩蔽，另外还留下了一个武装班进行保护。

　　1957 年，欧阳焕生（大岭山镇老干部）在洞内一处较为宽敞似是厅堂的地方，找到了当年广东人民抗日游击总队使用过的陈旧炊具、衣衫等生活用具，以及子弹、子弹壳、望远镜等。

　　1993年6月，马山情报点遗址被东莞市人民政府公布为东莞市文物保护单位。

马山情报点遗址公示栏

大片美游击队税站旧址

该旧址位于大岭山镇大片美村大围五郎家塾。

1943 年 12 月，广东人民抗日游击队东江纵队成立后，为冲破日伪军的经济封锁，保障部队给养，东纵司令部决定成立东宝路西税务总站，在各地成立收税分站。大片美税站属于路西税务总站东莞中站一个分站。白天税务人员深入连平圩、大沙圩、大塘圩、杨屋圩等圩市征收税款，傍晚回到税站缴款，税款集中后再缴到路西总站。税站人员除做好征税工作之外，还经常到各村开展抗日救亡宣传工作，组织农抗会、青抗会、民兵等抗日团体，发动群众配合游击队搜集和传递情报，积极参军参战。

1945 年冬，国民党为抢夺抗战胜利果实发动内战，大岭山区的抗日民主政权转入地下活动，税站不能公开收税，税站人员也转入隐蔽活动。1946 年 6 月，东江纵队北撤时，该税站撤销。

大片美游击队税站旧址内部

该旧址于 2004 年 1 月被东莞市人民政府公布为东莞市文物保护单位。

五郎家塾牌匾

东莞新二区抗日民主政府遗址

该遗址位于大岭山镇连平村大石板。

该遗址原是硬山顶三层砖木结构的炮楼。1939 年，连平村村民黄吉华为防盗匪，建成此座炮楼。1958 年，该炮楼被拆去两层，北侧瓦房于 1990 年改为一层砖混合结构水泥房。

随着大岭山抗日根据地的巩固和发展，1941 年 4 月初，东莞县第一个抗日民主政府——连平乡民主政府成立，乡长李金腾，副乡长刘桂平，乡政府驻地就设在该炮楼。1944 年 8 月 13 日，抗日民主政权东宝行政督导处东莞新二区政府成立，辖连平、大沙、金橘岭、张家村、杨西、篁村等乡，张英（后黄华）任区长，区政府机关也设在此炮楼。新二区政府成立后，积极发展生产，征收公粮，支援部队，同时做好抗日宣传，广泛动员当地群众参加游击队。

2004 年 1 月，东莞新二区抗日民主政府遗址被东莞市人民政府公布为东莞市文物保护单位。

东莞新二区抗日民主政府遗址

革命文化史料

大沙西门楼——东江第一支队第三团团部旧址

该旧址位于大岭山镇大沙村新围西侧。

1948年2月，根据中共中央香港分局指示，东江南岸地区的人民武装部队统一进行整编，成立广东人民解放军江南支队，把惠东宝护乡团下属的大队扩编为团，第三大队编为江南支队第三团，张军任团长、黄华任政治委员，下辖东莞和宝安两个大队。江南支队第三团成立后，先后经过了梅塘、屏山水口等多次战斗，均取得了胜利。1948年5月16日取得了屏山水口伏击战胜利后，江南支队第三团领导黄华、林文虎、何棠率金重队和钢铁队向大岭山挺进，驻扎在大岭山大环村黄仁宽（1938年入党的老党员）家中，并经常到大环、大沙开展革命活动。

革命文化史料

大沙村西门楼

1949 年 1 月 17 日，江南支队整编为中国人民解放军粤赣湘边纵队东江第一支队，江南支队第三团改编为东江第一支队第三团（简称东一支三团），团部驻大沙西门楼。东一支三团驻大沙期间，重视革命宣传，在驻地周围题写宣传标语。现在紧靠大沙墟的西门楼东墙仍保存有"肃清鬼头仔"革命标语（这幅革命标语的意思是肃清奸细）。标语字体为 45 厘米见方繁体，用石灰水由右至左横排书写，左下角有"一支三团"落款。

该遗址保存较完整，2004 年 1 月，被东莞市人民政府公布为东莞市文物保护单位。

李任之故居

该故居位于常平镇横江厦村八队。

李任之（1919—1983），原名李包吉，1919 年 4 月 11 日出生于常平横江厦村。刚出生 40 天其父亲因贫病去世，2 岁时，其母亲与村里妇女下南洋做工。李任之随祖母生活。1936 年，李任之在村小学毕业后，离开居住地到东莞县私立小学做教员。1937 年七七事变后，他毅然离开家乡，奔赴延安。1938 年初考入抗日军政大学，同年 4 月加入中国共产党。曾任中共县区委组织部部长，县委宣传部部长，泗灵睢县委书记，新四军淮南军区第三团政治委员。

李任之故居

抗日战争胜利后，任中共宿县地委组织部部长、副书记、书记，皖北军区宿县军分区政治委员。中华人民共和国成立后，历任中共淮南市委书记，淮南矿务局局长，中共安徽省委工业部部长、省委常委、副书记、书记处书记，副省长，省委书记。1973 年、1977 年分别在中共第十、十一次全国代表大会上当选为中央委员。1979 年任中共湖北省委书记兼武汉市委第一书记、武汉市市长。1982 年在中共第十二次全国代表大会上当选为中央顾问委员会委员。1983 年 2 月 28 日逝世。

李任之故居坐西南向东北，由大院与四单间排列民居建筑组成。每间面阔 3.7 米，进深 7 米。砖木构成，悬山顶，墙体正面为清水砌墙，其余与泥砖砌筑，当地俗称"金包银"。其中第一间较为讲究，有木雕封檐板，檐下壁画以花鸟为主，墀头有灰塑。房内设玻璃天窗。2004 年由常平镇有关部门进行了维修，现有专人管理，保存较好。

2004 年 1 月，李任之故居被东莞市人民政府公布为东莞市文物保护单位。

东江纵队铁东大队大队部旧址

该旧址位于桥头镇石水口村云和莫公祠。

　　1944年2月，东江纵队铁东大队成立，在云和莫公祠设立大队部。铁东大队活动范围包括：东江以南、广九铁路以东，两线交于石龙，沿江上溯至桥头，沿铁路南迄石马这个三角形地带。铁东大队成立后，由政治委员何清率一个中队向大洲、石水口、谢岗、桥头、企石、石排等铁路以东地区挺进，开展抗日游击战争。大队长谢阳光则带领短枪队和数十名新战士在横沥、东坑、大朗一带活动。同年2月4日，铁东大队首先袭击广九横沥车站的伪联防队，全歼伪联防队30多人。随后，他们在当地党组织的配合下，动员一批青年农民、学生参军，扩编了一个中队。同年春节后，谢阳光、何清率领的两个中队会合，跨过铁路插入铁东地区开展活动，取得了不少战果：歼灭企石伪联防队，摧毁企石伪政权，两次解放企石；摧毁石排伪警察所，解放石排；争取伪"东路军国民自卫军"某团一个营起义，编入铁东大队；赶走下南村的伪军，解放了上下南村；袭击石马伪警察所，俘虏伪警察30多人，缴枪30多支；配合增城兄弟部队歼灭驻铁场的伪军连；打退了国民党军的多次进攻。

　　铁东大队挺进路东的短短几个月时间，打开了铁东地区的局面，铁东大队由最初的70多人发展到400余人。1944年9月，东江纵队对部队进行整编，建立支队一级的建制，以适应武装斗争形势发展的需要。铁东大队被编入东江纵队第二支队，活动于广九铁路以东，东江以南，惠淡公路以西，大鹏以北地区一带。

　　1945年日本投降后，铁东大队撤止，云和莫公祠改作石水口青年自卫队队部，成立了一支由30多人组成的青年自卫队，推选莫满乐为队长，组织发动群众开展减租减息运动。1949年10月5日桥头解放，青年自卫队解散，该址恢复宗祠功能。

　　该旧址坐西朝东，建筑面积129平方米。围墙残存长约23米，厚0.5米，高3米。现祠堂基本保持原貌，壁画、梁架及基础设施保存完好。

铁东大队大队部旧址

广东东江纵队纪念馆航拍图

广东东江纵队纪念馆

该纪念馆位于大岭山镇大岭村大王岭村民小组。

广东东江纵队纪念馆为东莞市人民政府投资兴建，于 2003 年 9 月筹建，2005 年 9 月 3 日建成开放，是展示广东人民抗日游击队东江纵队历史的专题纪念馆。

馆区背靠大岭山脉，紧邻东江纵队革命遗迹、全国重点文物保护单位大岭山抗日根据地旧址，占地面积 53 319 平方米，馆舍建筑面积 3 989 平方米。

主体建筑具有鲜明的岭南建筑和抗战时期客家村落风格，立面气势恢宏。纪念馆内设基本陈列展厅、临时展厅、报告厅、贵宾室、文物厅、烈士芳名碑等，楼顶设观景台，可尽览大王岭抗日村落、百花洞战场遗址和大岭山镇新貌。

广东东江纵队纪念一号馆

　　该纪念馆分为7个展厅共9个部分，展出东纵革命文物400余件，历史照片600多幅，雕塑、油画、版画等艺术作品20余件，并采用大型幻影成像、模拟场景、电子沙盘、触摸屏互动设备等现代化陈列手段，客观、生动、全面地展示广东人民抗日游击队东江纵队开展敌后抗日游击斗争，为民族解放事业作出重要贡献的光辉史实。该馆还利用露天场地开设国防教育展区，陈列展示中国人民解放军退役的各式高射炮、导弹、雷达车等重型武器装备。该馆是当前广东省规模最大、设置水平最高的抗日战争类博物馆，是"南粤锦绣工程"（广东省文化建设重点工程）的重要项目之一。

　　2006年5月，该馆被共青团中央公布为第四批全国青少年教育基地；同年11月被中共东莞市委确定为东莞市中共党史教育基地。2008年6月被中共广东省委组织部公布为广东省党员教育基地。2010年6月被广东省精神文明建设委员会、中共广东省委宣传部命名为广东省爱国主义教育基地。2011年9月被中共广东省委党史研究室确认为广东省党史教育基地。

广东东江纵队纪念二号馆

广东东江纵队纪念三号馆组照

组照之一

组照之二

广东东江纵队纪念四号馆

广东东江纵队纪念五号馆

广东东江纵队纪念六号馆

广东东江纵队纪念七号馆

东莞人民公园革命遗址群

东莞人民公园始建于 1913 年，称盂山公园。初建时有"红棉山庄春晓""小山阴访旧"等盂山八景。1925 年改为中山公园。1956 年改称东莞人民公园。

东莞人民公园有东莞革命烈士纪念碑、东莞抗日亭碑等多处革命遗址，2008 年 4 月被东莞市精神文明建设委员会命名为东莞市爱国主义教育基地。2010 年 4 月经中共东莞市委审定同意，确定为东莞市中共党史教育基地，2013 年 12 月被评定为第二批广东省党史教育基地。

1. 东莞革命烈士纪念碑

为纪念新民主主义革命时期牺牲的东莞籍烈士，东莞县人民政府于东莞解放初期在莞城工人运动场舞台后（今莞城文化广场东南方）建一座革命烈士纪念碑。1959 年拆除，在莞城的东莞人民公园盂山山顶新建革命烈士纪念碑。

经历次维修，现占地面积 840 平方米，碑高 18.6 米，碑身以麻石砌成方柱形，正面刻着"革命烈士纪念碑"7 个字。基座上镌刻碑文，叙述了东莞人民在中国共产党领导下进行革命斗争的艰苦历程。纪念碑前有一座以麻石块铺成的长方形广场，2004 年，在广场的麻石道两侧增设 4 座分别命名为"工农革命""抗日烽火""解放斗争""欢庆胜利"的反映东莞革命斗争历史的群体石雕，并种植青松翠柏。2015 年市委、市政府对纪念碑及广场进行改造，增加浮雕和烈士芳名碑。整座碑园绿树葱茏，环境幽静。

东莞革命烈士纪念碑

2. 东莞抗日模范壮丁队成立遗址

1938 年 10 月 12 日，日军在广东省惠阳县大亚湾登陆。消息传到东莞，中共东莞中心县委召开紧急会议，研究在东莞开展抗日武装斗争的问题。会议决定，争取国民党县政府的同意，以县社训总队名义组建一支抗日武装部队。这支抗日武装称为东莞抗日模范壮丁队，所有人员均由中心县委动员和选派。经过协商，国民党县政府同意组建这支抗日武装。

1938 年 10 月 15 日晚，东莞抗日模范壮丁队在东莞中山公园（现称东莞人民公园）操场正式宣布成立，并立即进行操练。队伍有 100 多人，编为三个小队和一个留城分队，由中共东莞中心县委宣传部长兼武装部长王作尧任队长，中共东莞中心县委组织部长袁鉴文任政治指导员。东莞抗日模范壮丁队是日军入侵广东后，中国共产党在华南地区最早建立并直接领导的一支人民抗日武装。东莞抗日模范壮丁队成立后，经历了抗击日军的"榴花塔阻击战"等战斗。1939 年初，东莞抗日模范壮丁队在清溪苦草洞整训，与其他人民抗日武装编成东（莞）宝（安）惠（阳）边人民抗日游击大队，王作尧任大队长，何与成任政训员，与曾生领导的惠宝人民抗日游击总队一起，担负起在东江敌后开展抗日游击战争的使命。后来，这两支游击队发展成为威震南粤的广东人民抗日游击队东江纵队，为中国人民抗日战争和世界反法西斯战争的胜利作出了不可磨灭的贡献。

壮丁队成立遗址石碑

3. 东莞秀园——中青东莞分盟机关遗址

1935 年 7 月，中共党员王均予在广州组织中国青年同盟（后改称中国青年抗日同盟，简称中青）。同月，东莞进步青年张如、卢仲夫、王士钊加入中青。8 月，广州中青派麦蒲费到东莞，在东莞秀园建立中青东莞分盟，张如为书记，卢仲夫为组织委员，王士钊为宣传委员。分盟成立后，发展了进步青年王鲁明、王炎、张士升、黄庄平、何太等，并在东莞中学、高埗、大朗、东坑等地建立了中青小组。

中青东莞分盟以东莞中学为主要阵地，以中青成员为骨干，主要活动：组织青年成立各种读书会，学习时事，学习社会科学和世界语；组织歌咏团、剧社等文艺团体，宣传抗日救亡。

中青东莞分盟的建立和活动，团结教育了东莞广大的革命青年，推动了东莞抗日救亡运动的发展，为东莞党组织的恢复和重建作了思想和组织上的准备。

1936 年底，由于中青成员已先后加入中共党组织，中青的组织活动随之结束。

东莞秀园（中青东莞分盟机关遗址）

4. 东莞县青年抗敌同志会遗址

该遗址建筑由东莞知名人士邓纪望建立，于 1931 年落成。坐西北向东南，两层砖瓦水泥结构，建筑面积 686 平方米。1959 年，东莞县人民政府对该馆进行修葺，改名为东莞县博物馆。1994 年 1 月，在人民公园正门旁边的东莞博物馆新馆启用，旧馆则一直闲置。

抗日战争时期，东莞县青年抗敌同志会于此地成立。1937年七七事变后，东莞各界纷纷投入抗日救亡运动。同年12月，中共东莞中心支部通过广泛开展抗日统一战线工作，争取国民党东莞当局的支持，发动群众，建立了东莞县青年抗敌同志会和东莞县妇女抗敌同志会等抗日群众组织。其中这两个抗日团体会员共有1000多人，活动重点在莞城，在许多区乡也成立了分会。

这些抗日团体实际上由中共东莞组织掌握，成员有青年学生、小学教员、青年工人、青年农民和进步社会青年，以莞城进步学生为主，不少人是共产党员。他们经常组织歌咏队、话剧队到街头和乡村开展抗日救亡宣传工作，贴标语、出墙报、画漫画，动员群众起来抗日。东莞县青年抗敌同志会等抗日团体的骨干成员，后来大部分加入东莞抗日模范壮丁队，走上了抗日战场。

东莞县青年抗敌同志会遗址

5. 东莞抗日亭

1988年10月，东莞市人民政府为纪念东莞抗日模范壮丁队成立50周年而建。纪念亭由六根圆立柱支撑，琉璃彩瓦铺成圆攒尖式屋顶，面积约18平方米。亭中有1993年12月由东莞市人民政府立的一块石碑，简要叙述东莞抗日模范壮丁队在榴花等地抗击日军的事迹。

1938 年 10 月 12 日，日军在大亚湾登陆。中共东莞中心县委于 10 月 15 日组建东莞抗日模范壮丁队，随后连同由中共掌握的县社训总队常备壮丁队，分赴石龙、虎门前线抗击日军，在榴花、白沙力挫敌锋。

1939 年 1 月，坚持东莞宝安敌后斗争的各支抗日武装合编为东（莞）宝（安）惠（阳）边人民抗日游击大队，王作尧任大队长，何与成任政训员。另有 70 余人开赴惠阳参加曾生领导的惠（阳）宝（安）人民抗日游击总队。此后，曾王两部会合，在抗日斗争中发展为广东人民抗日游击队东江纵队，成为华南抗战的一面光辉旗帜，东莞人民亲切地称模范队员为"老模"。

东莞抗日亭

陈超故居

陈超故居位于虎门镇北栅社区大宗坊五巷 5 号。

陈超又名陈慈照，抗战前在中山大学就读，学习期间参加了中国共产党领导的地下学联，并于 1938 年入党。后来受党组织安排，陈超打入国民党广州最高特务机关从事隐蔽战线工作，为我党获取敌方情报、营救革命志士付出了巨大的努力。中华人民共和国成立后，曾任广州市公安学校副校长、广州市进修学校副校长、广州市教育局副局长等职。

2013 年全面修缮后，故居已基本恢复原貌，并设展厅展示陈超的革命事迹，对外开放参观。

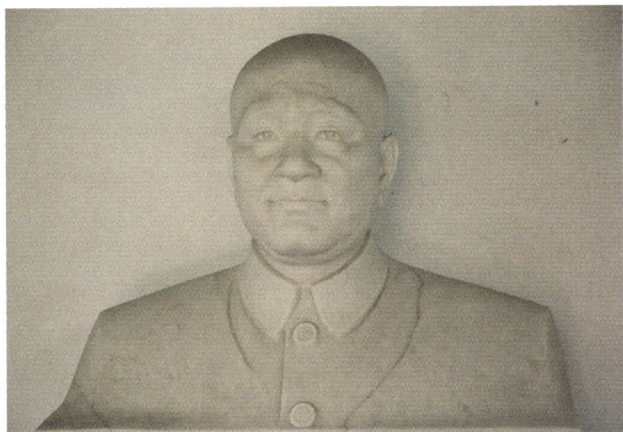

陈超雕塑

陈超故居组照

榴花抗日纪念亭

该纪念亭位于东城街道榴花公园内。

东莞市人民政府于 1997 年 7 月出资兴建。1998 年 10 月 15 日，中共东莞市委、东莞市人民政府在这里举行东莞抗日模范壮丁队成立 60 周年纪念大会暨榴花抗日纪念亭落成典礼。纪念亭前的石阶一直延伸到山脚，台阶两边种上郁郁葱葱的青松。纪念亭呈四角亭形结构，高 10 米，共分三层。亭底层的正面挂着刻有"榴花抗日纪念亭"的牌匾，亭里立有一块抗日纪念碑。整个纪念亭占地面积约 1 480 平方米。

1938 年 10 月 12 日，日军在大亚湾登陆。石龙、广州、虎门相继沦陷，莞城危在旦夕。15 日，中共东莞中心县委迅速组建东莞抗日模范壮丁队，奔赴大岭山、虎门和石龙前线，抵抗日军的入侵。10 月 19 日，中共东莞中心县委决定，由社训总队政训员何与成、副总队长颜奇率抗日模范壮丁队和壮丁常备队共 200 多人开赴榴花一线，在峡口、京山（现属茶山镇）、西湖（现属石龙镇）、鳌峙塘等地作战。11 月 13 日，为打击在东江北岸烧杀抢掠之敌军，何、颜又率领 40 余人渡江，在石碣刘屋抗日自卫队的配合下，与日军骑兵浴血奋战。战士王尚谦等 11 人壮烈牺牲，刘屋自卫队亦牺牲 11 人。敌军遭打击后退回石龙。榴花之战，是日军登陆华南以后，中共广东地方组织领导人民抗日武装对入侵日军较早进行的一次有组织的抵抗，振奋了东莞的民心士气，成为东莞抗战历史上光辉的一页。

榴花抗日纪念亭

榴花抗日纪念亭内部

东江纵队抗日浮雕

该浮雕位于东城街道榴花公园内。

东江纵队是遵照中共中央指示创建的一支人民抗日武装力量。在抗战的艰苦岁月里,东江纵队在中共中央、中共南方局和广东党组织的领导下,在广大人民群众和港澳同胞、海外侨胞的大力支持下,从无到有,从小到大,从弱到强,逐步发展成为一支拥有 1.1 万余人的人民抗日武装力量。东江纵队并坚持在华南敌后开展独立自主的游击战争;抢救了大批爱国民主人士、文化界人士、盟军武装人员和国际友人;英勇打击敌人,积极配合全国抗日战场和盟军对日反攻作战;在东江和北江广大地区,建立了总面积 6 万余平方公里、人口 450 万以上的抗日根据地和游击区,成为威震南疆、蜚声中外的华南抗日战场上的一支坚强的武装力量。中共中央军委高度评价东江纵队是"广东人民解放的旗帜"。东莞是东江纵队的发源地之一,也是东江纵队的主要活动地区,东江纵队在东莞敌后进行了许多重要战斗。1946 年 6 月,东江纵队主力北撤,转战华东和中原战场,留在广东的队伍继续坚持武装斗争,配合全国解放战争。东江纵队为抗日战争和民族解放战争的胜利作出了重要贡献。

东江纵队抗日浮雕长 50 米,高 9 米,占地面积(包括前面广场)3 500 平方米,坐西向东,南面是榴花抗日纪念亭。2007 年 5 月,为缅怀先烈,弘扬以爱国主义为核心的民族精神,东城街道在榴花公园抗日战斗旧址修建东江纵队抗日浮雕,2008 年 3 月落成。

东江纵队抗日浮雕

东江纵队抗日浮雕组照

水濂革命烈士纪念碑

该纪念碑位于南城街道水濂社区长排山下。

在抗日战争和解放战争期间，广东人民抗日游击队东江纵队第三大队和中国人民解放军粤赣湘边纵队东江第一支队第三团在水濂山区，与日本侵略军和国民党反动派先后展开大小战斗 20 多次，牺牲 30 多人。

1940 年 4 月，日本侵略军进犯水濂山区，大雁塘村被烧毁民房 78 间；榕树界村被烧毁民房 75 间；九里潭村民黄金田（抗日民兵常备队队长）在青竹笋村被捕，押解途中跳水逃走时被日军枪杀。1941 年 4 月 7 日，日本侵略军进犯大雁塘村，广东人民抗日游击队第三大队民运部副部长范毅被捕，在伯公坳被枪杀。同年 12 月，第三大队政工队队长陈特率领宋朱等队员转移到绒旗墩、饭箩岗一带，被国民党军队包围。在仓促突围中，宋朱等 10 多人阵亡。1943 年 10 月，国民党军进犯水濂山区，广东人民抗日游击总队第三大队 100 多名游击队员与敌军在瓜田岭一带展开激战，第三大队中队长刁明阵亡。

水濂革命烈士纪念碑航拍图

　　1948 年 10 月，国民党广东省保安总队徐东来部围攻水濂山区，与广东人民解放军江南支队第三团发生激战，三团战士阵亡 4 人，负伤多人。同月第三团武工队队长宋天生和税站工作人员王棠等人，在大雁塘村突然被国民党军队包围，宋天生被捕，押解途中在九里潭新坡被杀害。1949 年 3 月 7 日清晨，中国人民解放军粤赣湘边纵队东江第一支队第三团在水濂大雁塘遭国民党军第196 师五个连、广东省保安第 15 团一个营、虎门守备总队一个大队和东莞县保警陈泰、麦浩中队等近 2 000 人五路合击。第三团二连和镇平队掩护主力部队安全转移，此战毙敌 4 人，伤敌数人；第三团牺牲 2 人，负伤 6 人。

　　为缅怀在战斗中牺牲的烈士，1953 年 2 月水濂大队在原水濂茶场修建水濂革命烈士纪念碑，2000 年 5 月由南城区政府拨款迁建到现在的位置。碑园总面积约 380 平方米，纪念碑高 6.5 米，呈立体梯形。碑顶立有一个鲜红的五角星，碑正面刻着"革命烈士纪念碑" 7 个金色大字。每年清明节，南城街道水濂附近中小学校都组织学生前来扫墓。

水濂革命烈士纪念碑

望角革命烈士纪念碑

该纪念碑位于望牛墩镇上合望角村。

1945年春，东江纵队第一支队派出部队在水乡一带活动。日军与土匪勾结，企图在水乡对东江纵队进行合击围歼。部队决定，以部分兵力向蕉利、望角挺进，打乱其围歼计划。

4月17日晚8时，东江纵队第一支队三龙大队以及第一支队独立中队，迅速占领蕉利、望角。三龙大队驻守蕉利。独立中队驻守望角，在阵地上构筑简易工事，和当地民兵60多人分别扼守望角四周的据点，随时准备消灭来犯之敌。

4月22日拂晓，驻莞城日军500余人，伪军第45师一个团和一个炮兵营1 700余人，伪联防队刘棠部600多人，同时向水乡蕉利、望角进犯，如潮水般从聚龙江、寮厦、石面、简屋村等几个地方围攻过来。

东江纵队第一支队三龙大队英勇抗击来犯之敌，歼敌30多人，取得蕉利战斗胜利。与此同时，东江纵队第一支队独立中队和望角民兵在独立中队队长周康指挥下，固守望角，打退敌人一次又一次的进攻。上午9时许，上坊的朝阳炮楼中层被炮弹击中，据守在炮楼上的战士和民兵立即转移，继续战斗。民兵陈礼容转移到中坊与下坊交界处时，不幸牺牲。下午2时，敌人又发起进攻，由于敌众我寡，子弹缺乏，为保存实力，大部队撤退，留下小部分战士和民兵掩护。

望牛墩烈士陵园牌坊

这时，伪军黄腾部由聚龙江沿河道摸过来，情势十分危急。担任掩护的战士和民兵在樊妹和陈胜帮的带领下，编成 20 人一组，分散阻击敌人，掩护其他同志撤退。下午 4 时许，樊妹被一排子弹击中牺牲。在转移中，民兵陈胜帮亦不幸中弹牺牲。

部队和群众安全转移了。敌人在望角村扑空，抬着 30 多具尸体撤出。望角战斗有效地保障了蕉利前线右侧的安全，粉碎了敌人前后夹击的阴谋。

由于当时局势复杂，三位烈士的遗体在望角村王洲就地草草掩埋。为了纪念这场战斗中牺牲的烈士，1967 年 4 月由望牛墩人民公社在上合望角村王洲烈士墓原址修建了望角革命烈士纪念碑，2014 年 5 月重建，增加"望牛墩烈士陵园"牌坊。

望角革命烈士纪念碑

麻涌人民革命纪念墙

该纪念墙位于麻涌镇文化广场正北面。

纪念墙由麻涌镇党委、镇政府于 1999 年建造，坐北向南，墙体长 30 米，高 4.5 米，墙中央为麻涌地区革命斗争历史浮雕，两侧铭刻纪念墙志，概述麻涌人民革命斗争历史。

1937 年七七事变后，中共党员莫逢湾从广州回到麻涌，先后组织成立御侮救亡读书会、麻涌抗日救亡青年团等抗日团体，从事抗日宣传、募捐活动。1938 年 8 月，麻涌进步青年萧任统（田心）、莫富图（丁农）、陈奋顷（余一虹、陈一虹）三人前往延安，此乃麻涌第一批北上革命圣地之青年。1939 年 11 月 30 日，麻涌沦陷，莫雄等 10 多名麻涌青年先后参加东江抗日游击队。1940 年，中共党员祝锦龄以教书作掩护，在麻涌大步开展革命活动，并于 1941 年发展祝厚良、肖焕兴等 7 人加入中国共产党，成立党小组。1943 年冬，中共大步支部成立，祝锦龄任书记，这是麻涌地区建立的第一个中共支部。1946 年 7 月，祝锦龄任中共东莞水乡北区指导员，统一领导东莞水乡北区党的工作。1947 年后，先后有祝裕辉、祝窝成、祝陈溢等 20 多人加入中国共产党，并相继在东仁坊、漳澎、麻涌地区建立党支部，共有党员 100 多人。

1948 年，在中共东莞水乡区委领导下，大步、漳澎相继成立农会，同年 4 月成立水乡区武工队。1949 年 10 月 16 日，水乡武工队摧毁麻涌国民党警察所，水乡区委随即成立漳步乡人民政府。10 月 17 日，东莞解放。11 月 9 日，解放军进驻麻涌。从此，麻涌进入新的历史纪元。

麻涌人民革命纪念墙

高埗革命烈士纪念碑

该纪念碑位于高埗镇低涌中学校园内。

抗日战争和全国解放战争时期，有 40 多名高埗籍游击队员和民兵在战斗中牺牲。其中包括 1945 年 1 月在解放高埗的战斗中牺牲的低涌抗日自卫大队大队长熊金枝、副大队长黄女，1949 年 6 月截击国民党东莞县警第三大队电船时牺牲的游击队排长陈植槐（凌屋村人）等。

1971 年，高埗人民公社把当年分散的革命烈士骸骨集中起来，在低涌中学校园内建造了一座革命烈士纪念碑。1984 年高埗区人民政府重新修建纪念碑，2016 年 9 月再次修葺。

2004 年 1 月，高埗革命烈士纪念碑被东莞市人民政府公布为东莞市文物保护单位。2016 年 11 月，高埗革命烈士纪念碑被确定为东莞市中共党史教育基地。

高埗革命烈士纪念碑组照

李本立墓

李本立墓位于洪梅镇河西路东侧洪梅中心小学旁。

李本立（1905—1933），1905 年生于东莞市洪梅镇黎洲角村。少年时代随父迁居莞城。1924 年秋，李本立在莞城发起成立了新学生社东莞分社并任负责人，同年冬，先后加入社会主义青年团和共产党。1926 年 4 月任共青团东莞地方执行委员会第一任书记。同年 6 月，中共东莞特别支部改为中共东莞地方执行委员会，李本立任书记。1927 年"四一二"反革命政变后，转入地下工作。由于操劳过度患肺病，1933 年病逝于莞城南芬园家中，年仅 28 岁。其遗孀罗慧贤积极支持丈夫的革命事业，继承李本立烈士的革命遗志，于抗战期间参加革命，1938 年春加入中国共产党。中华人民共和国成立后曾任广东省纺织局党委书记。1998 年去世，享年 86 岁。

李本立墓由其遗孀罗慧贤筹资于 1990 年 9 月建成。占地 4 平方米，呈梯形，由四级台阶构成。墓中竖立一块高 0.8 米的石碑，墓碑为麻石料，碑上刻着"李本立烈士墓"6 个红色大字，并嵌着李本立的遗像。墓碑为其家乡洪梅镇黎洲角管理区所立。李本立的骨灰安放在墓中。李本立墓的左边是他父母的墓，右边是其夫人罗慧贤之墓。

2008 年 4 月，李本立墓被东莞市精神文明建设委员会命名为东莞市爱国主义教育基地。

李本立墓

厚街革命烈士纪念碑

厚街革命烈士纪念碑位于厚街镇厚街大道松山公园内。

1995 年由厚街镇人民政府出资修建，同年 8 月 23 日落成。占地约 500 平方米，碑身呈方形柱状，高约 10 米，外用大理石砌成，正面是由原东江纵队司令员曾生题的"革命烈士纪念碑"7 个红色大字，背面刻有原东江纵队副司令员兼参谋长王作尧题写的诗句："转战八年成大业，北撤南归血战频。建设河山仍有力，毋忘烈士有殊勋。"底座正面刻有碑志，背面刻有"永垂青史，风范长存"8 个大字，两侧是表现战士们英勇抗战的浮雕。

新民主主义革命时期，厚街有许多革命志士为民族独立和人民解放事业光荣牺牲，被市、镇民政部门认定的烈士有 140 多名。其中，有被誉为"黄田十七勇士"之一的于 1942 年 12 月在宝安县黄田战斗中牺牲的广东人民抗日游击总队宝安大队副指导员王天锡，1943 年 2 月在厚街大迳反"扫荡"斗争中牺牲的石马村民兵中队长李成章，1944 年秋在宝安县与日军作战中牺牲的东江纵队中队长林耀，1945 年初在香港大屿山游击区进行反"扫荡"斗争中牺牲的东江纵队港九大队政训室干事王月娥，1945 年 4 月在开辟东莞水乡抗日根据地战斗中牺牲的东江纵队第一支队独立中队中队长周康，1946 年春在海陆丰地区坚持斗争而牺牲的东江纵队第六支队参谋长林冲，1948 年 11 月在淮海战役中牺牲的中国人民解放军两广纵队 2 团 1 营作战参谋陈成、连指导员叶德顺等。这些革命烈士用自己的宝贵生命，筑起了一座不朽的革命丰碑。

厚街革命烈士纪念碑

王作尧雕像

王作尧雕像位于厚街镇厚街大道松山公园内。

王作尧（1913—1990），广东东莞厚街人。1931年考入广东军政学校，1936年加入中国共产党。1938年在家乡组建抗日武装，后任东江纵队副司令员兼参谋长。中华人民共和国成立后，任广东军区江防司令部副司令员，广东军区副参谋长，防空司令部司令员，中南军区防空司令部第一副司令员，沈阳军区空军、武汉军区空军副司令员，广东省军区顾问。1961年晋升为少将军衔。1988年8月，被中央军委授予一级红星功勋荣誉章。1990年7月3日，王作尧在广州病逝。

1996年7月3日由厚街镇人民政府修建。石像用花岗岩雕刻而成，石像右手叉腰，左手平放在一张地图上，昂首挺胸，目光炯炯有神，眺望远方，展现了王作尧将军运筹帷幄、英姿勃勃的英雄形象。

王作尧雕像

东江纵队碑廊

东江纵队碑廊位于厚街镇厚街大道松山公园内。

2006 年，革命前辈王永祥夫妇建议在松山公园修建东江纵队碑廊，厚街镇人民政府采纳这一建议，制订具体设计方案和实施方案，在中共东莞市委党史研究室积极协助下，碑廊于 2009 年 5 月落成使用。

碑廊总长 81 米，由 21 块题字石碑、4 座浮雕以及 2 块题字黄蜡石组成，收集了叶剑英、廖承志、聂荣臻、徐向前、杨尚昆等老一辈革命家和东江纵队领导人为东江纵队所作的书法题词。

东江纵队碑廊全景图

碑廊牌匾

　　东江纵队碑廊和王作尧雕像、厚街革命烈士纪念碑一起，展现了广东人民抗日游击队东江纵队的光辉历史，进一步丰富了厚街镇爱国主义教育基地的内涵。

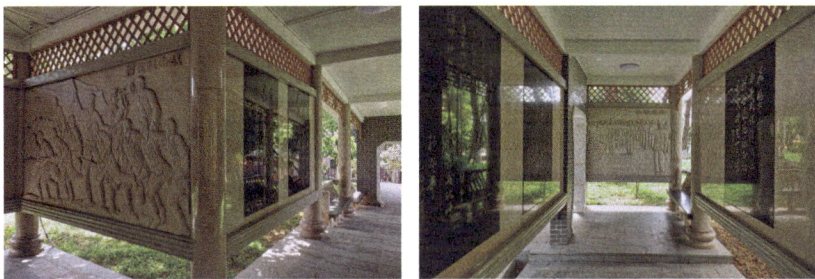

榴花阻击战浮雕

将军山革命烈士纪念碑

　　该纪念碑位于长安镇霄边社区将军山。

　　为纪念在新民主主义革命时期以及中华人民共和国成立后抗美援朝战争和对越自卫反击战中英勇献身的长安籍烈士而建。最初建于 1976 年，当时占地面积 80 平方米，后因雷击损坏，1981 年集资重修，1997 年再次重建，现占地面积 1 000 多平方米。纪念碑坐东北朝西南，上面分别刻有原东江纵队司令员曾生题写的"革命烈士永垂不朽"和国画大师关山月题写的"浩气长存"。

将军山革命烈士纪念碑
航拍图

　　长安霄边将军山扼东莞与宝安的交通要道。国民大革命时期，长安霄边乡共产党人蔡如平、蔡日新在广州从事党的地下革命活动。1924 年冬，他们受中共组织委派返回家乡开展农民运动。1927 年"四一二"反革命政变之后，蔡日新被国民党反动派逮捕杀害。蔡如平也因长期革命工作的奔波操劳，于1948 年秋病逝，1949 年后被追认为革命烈士。抗日战争时期曾在此发生多次重要的战斗，有 10 多名东江纵队战士壮烈牺牲。其中霄边籍的蔡继旭、锦厦籍的李镜全等，均在霄边将军山与日伪军作战中英勇献身。全国解放战争时期，长安籍的解放军战士有 2 人牺牲：锦厦村的李广于 1949 年 1 月 10 日在淮海战役中牺牲，乌沙陈屋村的陈洪于 1949 年夏在东莞虎门北栅与国民党军队作战中牺牲。在抗美援朝战争中，霄边籍的中国人民志愿军战士蔡庆在朝鲜德寺里与美军作战时牺牲。

将军山革命烈士纪念碑

在 1979 年的对越自卫反击战中，有 6 名长安籍解放军战士为国捐躯，他们是上角村的王润辉，街口新农村的邓万兴，咸西村的麦满祥、麦锡辉，霄边村的蔡汉庭，厦边村的麦柏根。

2008 年 4 月，将军山革命烈士纪念碑被东莞市精神文明建设委员会命名为东莞市爱国主义教育基地。2016 年 11 月，将军山革命烈士纪念碑被确定为东莞市中共党史教育基地。

大岭山革命烈士纪念碑

该纪念碑位于大岭山镇中心区大岭山公园内。

为纪念新民主主义革命时期在大岭山牺牲的 120 多名烈士，大岭山人民公社于1966年8月投资建造了总占地面积100平方米的大岭山革命烈士公墓。1983 年 10 月，大岭山区公所拨款重修，扩建为大岭山革命烈士纪念碑，总占地面积扩大到 400 平方米，由东莞市人民政府撰写碑文。

2001 年 8 月，大岭山镇人民政府在建设大岭山公园的同时，纪念碑拆旧重建，于 2001 年 10 月竣工。扩建后的纪念碑总占地面积 2 997 平方米，坐西南向东北。碑柱与公墓、红棉树同在南北走向的一条轴线上，正对着烈士们当年战斗过的大岭群山。

大岭山革命烈士纪念碑

　　碑柱高 9.7 米，主体骨架为钢筋混凝土，碑身用花岗岩围砌至顶。正南面刻着"革命烈士纪念碑"7 个镏金大字，北面刻着"革命烈士永垂不朽"8 个字。碑柱底座北面为黑色大理石，上面刻着反映革命烈士事迹的碑文，其余三面均为反映大岭山军民在各个革命时期战斗场面的青石雕刻。

　　纪念碑园分为三个层级：第一层采用水泥镂空砖，间种草坪；第二层用大理石铺地，周围是雕花的花岗岩护栏；第三层为大理石铺地，周围也是雕花的花岗岩护栏。原来水泥质半球形的烈士公墓现已用大理石铺砌，并修饰成光面，形如一座古墓。纪念碑周围均种上青松翠柏。

　　2008 年 4 月，大岭山革命烈士纪念碑所在的大岭山公园被东莞市精神文明建设委员会命名为东莞市爱国主义教育基地。

大岭山革命文化浮雕

黄江梅塘烈士公园

黄江梅塘烈士公园

该烈士公园位于黄江镇田心村元岗，这是为了纪念抗日战争时期在黄京坑、梅塘等战斗中英勇牺牲的烈士们而修建的一座小型园林式墓园。

1944年3月31日，日伪军第45师第134团1000余人，进攻驻黄江黄京坑村的广东人民抗日游击队东江纵队第三大队。第三大队在驻长山口的第五大队和民兵自卫队的配合下，击溃了伪军，歼敌两个连。东江纵队第三大队牺牲一人。同年5月7日，驻广九铁路樟木头的日军加藤大队500余人，偷袭驻梅塘的东江纵队领导机关。5月8日，第三大队在第五大队、东莞大队以及民兵的配合下，击退来犯之敌，毙伤日军近百人。此战，东江纵队独立中队伤亡30余人，其中独立中队政治委员李忠（钟若潮）壮烈牺牲。

1963年8月，黄江人民公社收集部分烈士遗骸，在田心村元岗建立烈士墓园和纪念碑。1996年10月黄江镇人民政府重修墓园，建成梅塘烈士公园。烈士公园占地面积约4800平方米。正门左右两旁各矗立着一座盖金黄色琉璃瓦的门墩，大门口正对宽敞笔直的碑道，碑道两旁种植青松翠柏。碑道尽头由朱红色的三级石阶连接墓碑。墓碑为白色，呈四方形，占地520平方米。纪念碑高10米，用花岗岩砌成长方体，正面刻着"革命烈士纪念碑"和碑志，背面刻着"浩气长存永垂青史""向革命烈士致敬"。整个墓园用盖金黄色琉璃瓦的围墙围成，绿树成荫，环境幽雅。

2008年4月，该烈士公园被东莞市精神文明建设委员会命名为东莞市爱国主义教育基地。2010年4月，经中共东莞市委审定同意，公布为东莞市中共党史教育基地。

黄江梅塘革命烈士纪念碑

塘厦革命烈士纪念碑

该纪念碑位于塘厦镇环市北路 3 号观光公园山顶。

1996 年 10 月，塘厦镇党委、镇政府在塘厦镇观光公园山顶修建革命烈士纪念碑。2010 年 3 月重修。纪念碑占地面积 200 平方米。碑座正面刻有塘厦镇人民政府撰写的碑志，背面刻有 52 位革命烈士英名。碑体呈长方体，高 10 米，均由大理石砌成，主体正面和背面均竖排刻有 "革命烈士永垂不朽" 8 个苍劲有力的字。碑体前是一座小看台，四周是围栏，面积约 20 平方米、高约 1.2 米，地板均铺设大理石砖，四周种有松柏等。

在新民主主义革命和社会主义建设时期牺牲的 52 名塘厦籍革命烈士中，有中共清塘区委书记黄万顺、东江纵队第二支队第四大队大队长黄锡良、东莞县人民政府县长赵督生等。

2008 年 4 月，塘厦革命烈士纪念碑被东莞市精神文明建设委员会命名为东莞市爱国主义教育基地。2016 年 11 月，塘厦革命烈士纪念碑被确定为东莞市中共党史教育基地。

塘厦革命烈士纪念碑航拍图

塘厦革命烈士纪念碑

清溪革命烈士纪念碑

该纪念碑位于清溪镇南面的大窝山上。

纪念碑碑身高 9.9 米，正面镌刻着"清溪革命烈士纪念碑"9 个金色大字。碑座长 6.5 米，宽 4 米，正面是碑文，记载了抗日战争和解放战争时期清溪人民革命斗争的光荣历史，其余三面是反映革命前辈前仆后继、冲锋陷阵及军民鱼水情的大型浮雕。

抗日战争时期，清溪人民在中国共产党领导下，积极开展抗日斗争，于 1938 年夏组建清溪抗日自卫大队。1938 年 12 月中旬，中共东宝边区工委领导的东宝惠边人民抗日游击队成立，下辖两个大队，其中第二大队由清溪、石马、凤岗、塘沥乡的抗日自卫团组成，在清溪、凤岗等地活动。后来，这支队伍加入了广东人民抗日游击队。

清溪是广东人民抗日游击队东江纵队在广九铁路以东（惯称路东）开展游击活动的地区之一。1944 年春，清溪成立抗日民主乡政权。1945 年 5 月后，以清溪为中心建立东江解放区路东行政委员会新三区和新三、四区联区政府。抗日民主政权建立后，继续组织民兵配合游击队战斗，给日本侵略者以更有力的打击。

1946 年夏，国民党发动全面内战。清溪人民在中国共产党的领导下，与国民党反动派展开艰苦斗争。1949 年 10 月 14 日，清溪地方人民武装配合解放军解放了清溪。

清溪革命烈士纪念碑
航拍图

　　在抗日战争和解放战争时期，清溪地区发生大小战斗近百次，牺牲 70 余人，其中有多名外乡籍人士。1980 年，清溪镇人民政府在豆腐陂桥西侧岗坡上建造清溪革命烈士纪念碑。1998 年 7 月，迁建至现在的位置，并扩大建筑规模，镌刻全部烈士英名。

清溪革命烈士纪念碑

李任之生平事迹陈列馆

东莞市文化馆（常平分馆）

该陈列馆位于常平镇文化中心一楼。

李任之生平事迹陈列馆场馆面积 200 平方米，于 2008 年 5 月正式开馆。该馆主要负责收集、存放、保管、展示常平镇籍的无产阶级革命家李任之的学习、工作、生活等物品及有关资料。该陈列馆拥有关于李任之的各类展品近 200 件，录音录像资料 15 件。

2008 年 4 月，李任之生平事迹陈列馆被东莞市精神文明建设委员会命名为东莞市爱国主义教育基地。2008 年 5 月，被命名为东莞历史人文传承基地。2010 年 4 月，经中共东莞市委审定同意，确定为东莞市中共党史教育基地。

陈列馆组照

田饶步革命烈士纪念碑

该纪念碑位于横沥镇田饶步村先烈路 1 号。

抗日战争时期，东江纵队铁东大队在田饶步开展抗日活动，在田饶步旧围、九王陈一带建立游击据点和医疗站。1945 年夏，日军包围东江纵队设在田饶步长园的交通联络站。战斗中，3 名游击队员壮烈牺牲。1948 年 3 月，设在田饶步村新围的交通联络站被国民党军队包围，张云清等 3 名游击队员在突围中英勇牺牲。

东莞解放后，当地村民为纪念烈士的英勇事迹，自发在安葬张云清、陈雪英、何林等 6 位烈士的墓地处立碑。1988 年，田饶步村在该村建造革命烈士纪念碑。2001 年 8 月，田饶步村党支部出资重建。

2008 年 4 月，田饶步革命烈士纪念碑被东莞市精神文明建设委员会命名为东莞市爱国主义教育基地。2016 年 11 月，田饶步革命烈士纪念碑被确定为东莞市中共党史教育基地。2019 年横沥镇委镇政府对田饶步革命烈士纪念碑周边进行改造，建成横沥镇红色教育基地，于 2019 年 6 月 26 日揭牌并对外开放。

英勇事迹墙绘

田饶步革命烈士纪念碑

正坑十八烈士纪念碑

该纪念碑位于东坑镇科技路 168 号（东坑中学校园内）。

1946 年 4 月上旬，东江纵队第一支队第二大队第一中队的 30 多名指战员隐蔽在东莞寮步凫山乐平围（惯称籁棚围）村后的荔枝园里，被当地反动武装发现。4 月 16 日，国民党军队和当地反动武装对他们进行突然袭击。该中队迅速向大岭山方向突围，转移到东坑正坑村休整。20 日凌晨 3 时许，该中队被驻寮步的国民党第 54 军 36 师 108 团第三营一个连和寮步寮旧乡联防队共 200 多人包围。游击队员立即突围，与敌人进行激战。战斗持续至上午 11 时，由于敌众我寡，有 18 名游击队员在突围中壮烈牺牲。战斗结束后，这 18 名烈士的遗体由正坑村群众收殓，集体安葬于独岭岭顶。

1956 年，为纪念正坑突围战中牺牲的 18 位烈士，东坑镇人民政府出资立碑。1965 年第一次重修。1999 年 1 月第二次重修。2005 年 2 月第三次重修，开通并扩大纪念碑前的道路。现有的纪念碑坐北向南，占地约 600 平方米。

2008 年 4 月，正坑十八烈士纪念碑被东莞市精神文明建设委员会命名为东莞市爱国主义教育基地。

正坑十八烈士纪念碑

石龙东征博物馆

该博物馆位于石龙镇太平路中山公园内。

1925 年 2 月，为讨伐盘踞在东江地区的军阀陈炯明，广东革命政府组织了第一次东征。因石龙水陆交通发达，靠近广州，商贸繁荣，孙中山带领东征军进驻石龙并将大本营设于石龙，多次来到石龙指挥作战。在第一次东征中，东征军击溃了陈炯明的军队，但此时广州发生了杨希闵等军阀的叛乱，东征军不得不回师广州，结束了第一次东征。

孙中山与石龙人民结下深厚的革命情谊，他逝世后，石龙人民为缅怀他的革命业绩，把石龙公园改名为中山公园。1929 年，把 9 条小街道扩宽并更名为中山路。1934 年，石龙建五条马路，略有余款，遂决定兴建中山纪念堂，边筹款边建筑，由石龙罗平记主持。1937 年建成中山纪念堂，共有两层，可坐 1 300 人，内设一个大舞台，其规模为当年全国县乡（镇）级孙中山纪念堂中罕见。抗战胜利后孙中山纪念堂改作石龙中学礼堂。1950 年重修，曾经改建为石龙影剧院。2015 年重建，占地面积 1 200 平方米，建筑面积 1 500 平方米。

中山纪念堂（石龙东征博物馆）常设展览为"东莞石龙东征史迹展"，展览厅约 450 平方米，以 1923—1925 年的东征历史为脉络，通过珍贵的历史照片、图表、地图、实物、场景、雕塑、电脑触摸等陈列手法，具体、形象地再现东征的历史，反映石龙在东征中的重要历史地位。

石龙东征博物馆

　　本馆为东莞市中共党史教育基地、中小学社会实践基地，充分发挥党史教育、社会教育职能，积极开展学生参观等社会实践活动，是开展党史教育、爱国主义教育、传承传统文化、促进文化交流的重要平台。

石龙东征博物馆组照

恒慎陈公祠——中共东莞县工作委员会机关旧址

该旧址位于望牛墩镇上合望角村。

1936 年 10 月，中共东莞特别支部成立，隶属中共广东工委。这标志着中断了七年之久的中共东莞地方组织重新建立，东莞党组织的活动得以恢复。1937 年 4 月，中共广东工委派麦蒲费到东莞县望牛墩望角村，主持成立中共东莞县工作委员会（简称"东莞工委"）。成立大会在望角村恒慎陈公祠召开，谢阳光任东莞工委书记，张如任副书记，王鲁明（王寿祺）、卢仲夫为委员。东莞工委辖莞城、厚街、高埗、中堂、东坑 5 个支部，共有党员 16 人，机关设在望角村恒慎陈公祠内（后迁至莞城力行小学）。东莞工委成立后，在望角村举办了一期党的知识学习班，为发展新党员打下基础。

东莞工委积极发展党员、壮大党的组织，先后成立莞城文化支部、莞城工人支部、高埗支部、望角支部、东莞支部。至 1937 年 7 月，东莞工委共有党员 30 余人。

1937 年 8 月，中共广东工委撤销，改为中共广州外县工作委员会（简称"广州外县工委"），领导包括东莞在内的广州外围各县党组织。

恒慎陈公祠（中共东莞县工作委员会机关旧址）

同年 10 月，根据广州外县工委指示，东莞工委改为中共东莞中心支部，姚永光任中心支部书记，谢阳光、张如、卢仲夫、王鲁明为中心支部委员，下辖 11 个支部，有党员 20 余人；领导东莞、宝安、增城（部分）三县党的组织，机关设在莞城力行小学。

恒慎陈公祠内部

敏斋公祠——东江纵队领导机关（龙见田）遗址

该遗址位于黄江镇龙见田村旧围巷。

1944 年 4 月间，广东人民抗日游击队东江纵队为提高部队的军政素质，决定利用战斗间隙，集中第三大队、第五大队和东莞大队在东莞梅塘地区进行集训。东江纵队领导人王作尧、杨康华和梁鸿钧在龙见田村领导和组织实施对部队的整训，领导机关设在与山脚下的龙见田村学士名原祠。

敏斋公祠 [东江纵队领导机关（龙见田）遗址]

第三大队由大队长邬强率领 70 多名战士驻龙见田村，分别住在达成公祠（青砖建成，面积 78 平方米）、敏斋公祠（青砖建成，面积 95 平方米）、花厅（青砖建成，面积 150 平方米）三处地方。

集训部队、文工队早上到村里的空地集训，白天帮助村民锄稻草、修补房屋、做家务等；晚上回来后教村民唱歌、跳舞，在一起拉家常，鼓励村民参加抗日活动。村民们对东江纵队指战员十分热情，找来稻草秸秆给他们铺在地上睡觉，煮好饭、带来茶水支持部队训练。

东江纵队领导机关遗址于 1974 年第一次拆除建成平房，1990 年龙见田村因扩建学校再次将其拆除。

敏斋公祠内部

中共东莞支部机关遗址

该遗址位于莞城街道东莞中学北区。

中共东莞支部机关遗址
航拍图

　　1923 年夏秋间，广东社会主义青年团代理书记阮啸仙派莫萃华回东莞组建青年团组织。10 月，莫萃华在洪屋涡建立了社会主义青年团广东区委直辖东莞支部，成员 7 人，莫萃华任支部书记。

　　1924 年 6 月，蔡如平、蔡日新被委任为国民党中央农民部特派员，回东莞开展农民运动。同年 11 月，莫萃华、蔡如平、蔡日新先后被吸收为共产党员。同年 12 月，他们组成中共东莞支部，隶属中共广东区委，莫萃华任支部书记，机关设在东莞中学，这是东莞的第一个中共支部。莫萃华同时兼任社会主义青年团东莞特别支部书记，党、团组织合在一起活动。莫萃华的活动地点主要在东莞中学学生宿舍。他在东莞中学积极宣传马列主义，把《向导》《少年先锋》《共产主义 ABC》等进步书籍介绍给进步学生，发展党团组织，先后吸收李本立、周棠、黄国器、刘伯刚、叶铎辉、李鹤年等人加入中国共产党和青年团（1925 年 1 月中国社会主义青年团改称共产主义青年团）组织。当时，东莞共产党、青年团（共青团）组织致力于发动工农运动。中共东莞支部的建立，是东莞人民政治生活的一个重大事件。从此，东莞人民的革命斗争有了坚强的领导核心。

　　1946 年，这座学生宿舍楼被拆除，在原地新建学生宿舍平房 15 间。1985 年再次被拆除，于其址建科学楼。

东莞县农民协会遗址

　　该遗址位于莞城街道东正路东莞宾馆北门对面。

东莞县农民协会遗址

第一次国共合作实现后，东莞农民运动深入发展。1925 年 4 月 20 日，东莞县第一次农民代表大会在太平镇召开，宣布成立东莞县农民协会。大会选举蔡如平为东莞县农民协会执行委员长、谭桂莘为副委员长。1926 年 5 月，蔡如平当选为广东省农民协会执委常委，广东省农民协会派共产党员陈克武接任东莞县农民协会执行委员长。至同年底，全县有农民协会会员 10 万人、农民自卫军 5 000 多人，成为广东农民运动的发达地区之一。东莞县农民协会领导农民反抗地主劣绅的压迫剥削，开展减租减息运动；建立农民自卫军，打击土匪和反动民团，维护农民群众利益；支援国民革命军东征和省港大罢工。1927 年"四一二"反革命政变后，东莞县农民协会被迫解散。遗址现已拆毁改建成商铺。

广昌隆——中共东莞县委交通站遗址

该遗址位于莞城街道西隅社区振华路与德厚里巷口交接处。

广昌隆航拍图

广昌隆

1927 年秋，中共东莞县委成立，先后在常平周屋厦的周氏宗祠和万江永泰村秘密设立县委机关，并在莞城以县委委员赖成基（于 1928 年 3 月任县委书记）经营的打锡铺——广昌隆作为县委交通站。

1928 年 12 月 7 日，设在莞城内木石居的共青团县委机关被敌人破坏，牵连到县委交通站广昌隆。当天下午，国民党县保安队长袁春和县警察局侦缉队长陈槐带着一群军警查封广昌隆，逮捕正在铺内的县委常委叶铎辉与赖杰、吴卓 3 人，并在铺内搜到一份中共党员会议签到册。这是县委在 5 天前于广昌隆开会筹备武装起义时的地下党员签到册。叶铎辉被秘密杀害。

"广昌隆事件"发生后，许多共产党员相继暴露和牺牲，东莞党组织遭到严重破坏。县委机关于翌年 1 月搬至石龙后，又于 2 月被破坏。从此，东莞的党组织活动，处于停顿状态，直至 1936 年秋才得到恢复和发展。

1931 年拆窄街筑马路，广昌隆被拆除。

共青团东莞地方执行委员会机关遗址

该遗址位于莞城街道横巷梓 13 号（原门牌为 11 号）。

1923 年 10 月，东莞社会主义青年团成立，莫萃华任书记，成员 7 人，机关设在洪屋涡,后改为共青团。1926 年 4 月 12 日，共青团东莞代表大会召开，出席会议的代表有 18 人。会议宣布成立共青团东莞地方执行委员会，委员李本立、黄国器、周棠、刘伯刚、李鸿举，候补委员李鹤年、杨爵荣。选举李本立为团地委书记，刘伯刚为组织委员兼经济委员，黄国器为宣传委员，李鸿举为学运委员。机关设在莞城横巷梓 11 号。团地委下辖莞城工会、大迳石马、东莞中学、太平、石龙 5 个支部，共有团员 45 人。会议通过了发展组织，巩固组织，训练及宣传，扩大学生运动，帮助发展工农运动，发展平民义学及儿童运动，开展青年工人、青年农民及青年妇女运动等几项决议。

1926 年 5 月底，李本立接任中共东莞地方组织负责人，共青团东莞地方执行委员会成员有所调整，刘伯刚暂代书记，学运委员由杨爵荣担任。6 月，由黄国器任共青团东莞地方执行委员会书记。

共青团东莞地方执行委员会利用国共合作的有利形势，积极开展青年运动，使东莞的青年运动进入新的阶段。1927 年 4 月大革命失败后，共青团东莞地方执行委员会解散。

共青团东莞地方执行委员会机关遗址

中共东莞地方执行委员会机关旧址

该旧址位于莞城街道仁和里3巷（原半边井）少将第琴芬园。

1926年6月，中共东莞特别支部改组为中共东莞地方执行委员会，隶属中共广东区委，机关设在莞城半边井少将第琴芬园。李本立任书记兼组织委员，黄国器为宣传委员，陈兆魁为工运委员，张乾楚为农运委员，谢慕英为妇运委员，李鹤年为青运委员。下辖莞城工人、学校、山厦、石龙、大迳石马5个支部，有党员39人，为东莞第一个县级中共组织。年底，中共东莞地方执行委员会成员有所调整，书记李本立，委员李本立、黄仲藩、谭式泉、陈兆魁、张乾楚、谢慕英、李鹤年、周棠。组织委员黄仲藩，宣传委员谭式泉，工运委员陈兆魁，农运委员张乾楚，妇运委员谢慕英，青运委员李鹤年。

中共东莞地方执行委员会成立后，发起组织东莞县各界人民团体成立地方公益委员会，通过这一机构，大力发展工农运动；同时，积极发动人民群众支援国民革命军北伐，把东莞的国民革命推向深入。

1927年4月，"四一二"反革命政变后，国民党广东当局密电东莞县政府进行"清党"，逮捕共产党员和工会、农会干部。中共东莞地方执行委员会得到消息，迅速转移。4月24日，东莞县军警搜查中共东莞地方执行委员会机关，一无所获。

中共东莞地方执行委员会机关旧址

袁督师祠——东莞县总工会遗址

该遗址位于莞城街道东莞中学北区。

1926 年，东莞全县工会组织如雨后春笋般成立。至 12 月止，莞城先后成立了 35 个工会，会员 8 034 人。石龙先后成立了 40 个工会，会员 5 266 人。太平有 18 个工会，会员 1 817 人。全县共有工会联合会 3 个，基层工会 93 个，会员 15 117 人，比 1925 年上半年增长了 6 倍多。

1927 年 1 月，中共东莞地方执行委员会根据工人运动形势发展的需要，把全县已有的莞城、石龙、太平 3 个互不统属的工会联合会组织起来，建立全县工人斗争的大本营。1 月 18 日，东莞县总工会在袁督师祠，即莞城工会联合会会所正式成立。陈兆魁任委员长，赖成基、利润森、谭明、陈满章、游彤史、李桂旺、杨载文、蒋权喜、张迪为执行委员。

县总工会成立以后，发动工人群众反对资本家的压迫剥削，反击国民党右派的进攻。同时，举办工人夜校，培训大批工人骨干，并开办工人培训班，由陈兆魁、李鹤年等共产党员任教，工会干部数十人参加学习。为了维护社会秩序和保障工人利益，许多基层工会还建立了工人纠察队，形成了一支共产党领导下的有组织的工人队伍。工会组织的扩大和会员人数的增加，推动了东莞工人运动的蓬勃发展。

东莞县总工会遗址航拍图

袁督师祠于 1953 年拆除，在原址上建东莞中学学生宿舍等建筑物。20
世纪 80 年代再次拆建，现为东莞中学北区报功祠左侧空地。

东莞县总工会遗址浮雕

力行小学——中共东莞中心县委机关遗址

该遗址位于莞城街道东莞中学南区篮球场西侧。它是抗日战争时期中共
东莞县工委、中共东莞中心支部及中共东莞中心县委的机关所在地。

1937 年 4 月，何与成与几位中共党员在东莞城东正街李氏宗祠（念修堂）
创办力行小学，何与成为校长。力行小学成为抗战初期中共东莞党组织秘密活
动的中心点。同年 4 月，中共东莞县工作委员会在望牛墩望角村成立，谢阳光
任书记，张如任副书记，卢仲夫、王鲁明为委员，下辖莞城文化、厚街、高埗、
中堂、东坑 5 个支部，共有党员 16 人，工委机关设在望角村，后迁至莞城力
行小学。

中共东莞中心县委机关遗址
航拍图

中共东莞中心县委
机关遗址石碑

　　1937 年 10 月，根据中共广州外县工委指示，东莞县工委改为中共东莞中心支部，由姚永光任支部书记，谢阳光、张如、王鲁明、卢仲夫为支部委员，下辖 11 个支部，有党员 20 余人。领导东莞、宝安、增城（部分）三县的党组织。机关设在力行小学。中共东莞中心支部建立后，在发展党组织的同时，大力开展统一战线工作，利用公开合法名义，发动群众，组织抗日团体和抗日武装。

　　1938 年 4 月，中共东莞中心支部根据广东省委指示，在力行小学召开扩大会议，撤销东莞中心支部，成立东莞中心县委，书记姚永光，组织部部长袁鉴文，宣传部部长兼武装部部长王作尧，委员有张如、卢仲夫、张里夫、王鲁明。东莞中心县委领导东莞、宝安、增城（部分）三县的党组织，党员有 100 余人，下辖水乡、东坑、清塘三个区委及东宝边区工委。机关仍设在力行小学。

　　7 月至 9 月，中共东莞中心县委在莞城的力行小学和陈家祠举办了两期党员干部训练班，有三四十名党支部书记和党小组组长接受训练，学习内容有党的建设、国际共运、农民运动、游击战争等。每期训练班学习时间为一个月。

　　10 月 12 日，日军在惠阳大亚湾登陆。14 日，中共东莞中心县委在力行小学（一说为新生小学）召开紧急会议，决定成立东莞抗日模范壮丁队，武装抗击日军侵略。至 1938 年 11 月，中共东莞中心县委的党员人数增加了一倍多，发展到 220 人，成为广东当时最大的一个县委。

　　该遗址已被拆毁，原址现为东莞中学操场，跑道边上立有"中国共产党东莞中心县委机关之址"的石碑。

容克故居

容克故居位于莞城街道炉街 124 号。

容克（1925—2001），原名熊伯烈。1940 年 8 月参加工作，同月加入中国共产党。历任中共东莞县立中学学生支部干事、支部书记、总支书记。1945 年初任中共东莞水乡区委书记，后调到中共东莞新一区，先后任中共东莞新一区区委组织部部长、书记。1945 年 9 月任中共路西县委组织部干事。

1946 年 6 月东江纵队北撤后，留在东莞坚持隐蔽斗争，任中共东（莞）宝（安）县副指导员。1947 年初任中共东宝县指导员，负责山区恢复武装斗争的工作。1948 年 4 月任中共东宝县委常委、组织部部长。1949 年初任中国人民解放军粤赣湘边纵队东江第一支队政治部组织科长，兼任中共江南青委书记。同年 7 月任江南青年公学（后改为东江公学）副校长。

1949 年 10 月至 1953 年 2 月，历任惠州军管会委员兼文教接管委员会主任、东江日报社社长、中共东江地委青委书记、中共增城县委第三书记、中共粤东区党委办公室秘书科长。1953 年 3 月至 1963 年 1 月，历任中共广西省委办公厅秘书处第一副处长、办公室主任、研究室主任，中共广西壮族自治区区委主办的《思想解放》编辑室编辑、编辑组长，中共广西壮族自治区区委调研室研究员。1963 年 2 月起，历任中共龙州县委书记，中共南宁地委委员、秘书长，南宁地区革命委员会办事组副组长，中共南宁地委常委，南宁地区革命委员会副主任，中共南宁地委副书记，中共南宁地委纪律检查委员会书记，广西日报社总编辑、党组书记，中共广西壮族自治区区委政策研究室副主任、顾问，自治区顾问委员会委员。

容克故居

李鹤年故居

李鹤年故居位于莞城街道西隅社区阮涌路 3 巷 4 号。

李鹤年（1908—1929），东莞莞城人。1926 年 4 月 12 日，共青团东莞地委成立，他被选为候补委员。1927 年秋天，李鹤年任中共东莞县委青年委员兼共青团东莞县委书记。

1928 年 3 月，县委领导机关迁至离县城不远的万江永泰村，李鹤年的家成了中共东莞县委机关联络点。县委常委莫萃华、周满曾居住于此，县委书记赖成基以及县委领导成员张治平、王寿春、叶铎辉等人经常在这里集散，省委派来的人也在这里落脚。为了支持革命工作，李鹤年把家中的钱交给组织作为活动经费。同年 12 月，国民党反动派破获团县委领导机关和中共县委交通站。李鹤年迅速转移存放在他家里的文件，并及时通知有关人员撤离。但他自己仍坚持地下工作。不久，李鹤年在篁溪小学被国民党军警逮捕，1929 年 2 月 25 日在广州红花岗就义。

现时故居面积约 70 平方米，为清代末期建的三间两廊式民宅。

李鹤年故居

远丰战斗遗址

该遗址位于虎门镇怀德社区远丰村虎石路 3 号。

1943 年 11 月，日军兵分三路向东莞大岭山抗日根据地发动"万人大扫荡"，妄图一举消灭广东人民抗日游击总队东莞地区的主力第三大队。18 日拂晓前，太平方向日伪军向怀德推进，企图偷袭驻远丰村的第三大队第一中队，然后与其他几路日军合围大岭山。第一中队突击班抢占了村东侧制高点，把接近制高点的日军打了下去。面对数十倍于己的强敌，突击班毫不畏惧，击退了日军一次又一次的进攻。第一中队主力在远丰村北面山地阻击日伪军，战斗持续至中午才主动撤出。战斗中共毙伤日伪军 50 余人，第一中队伤亡 10 余人。

远丰战斗遗址航拍图

远丰战斗遗址石碑

王士钊故居

王士钊故居位于虎门镇南栅社区冲元旧村二巷 9 号。

王士钊（1910—2005），东莞虎门南栅村人。1933 年在东莞中学当图书管理员，组织学生运动。1935 年任中国青年同盟东莞分盟书记。1936 年加入中国共产党，任中共东莞特别支部副书记。1939 年任中共莞太区区委书记。1940 年任中共东莞县委宣传部部长。1942 年 7 月任中共东（莞）宝（安）临时工委委员、组织部部长。1943 年任中共宝安县特派员。1944 年 7 月任抗日民主政权东宝行政督导处副主任，负责武装群众、减租减息、征收公粮、办东宝中学、出版《东宝新闻》等工作。同时，任中共路西县委委员。1945 年底，任东江纵队第一支队代政治委员、中共路西县委代书记。1946 年 6 月随东江纵队北撤。1947 年任中国人民解放军两广纵队组织部部长。1950 年任中国人民解放军第十五兵团组织部副部长。1954 年转业到地方，任中共中央华南分局处长。1955 年至"文化大革命"期间，历任广东省有色金属管理局局长、广东省地质局局长、中共韶关地委第三书记、广东省手工业局党组书记兼副局长、全国工艺理事会副理事长。"文化大革命"后任广东省轻工业厅副厅长、广东省第四届政协委员、广东省第五届政协常委。

王士钊故居

中共东莞县特派员机关旧址

该旧址位于东城街道温塘社区乐平市场路 1 巷 7 号。

1943 年 4 月，中共东莞一线、二线县委撤销，改设特派员。陈铭炎任中共东莞县特派员，方定、王文魁、刘志远任副特派员。东莞县特派员隶属中共东江前线临时工委领导，机关设在温塘乡袁泽光家里，下辖厚街、太平、大岭山、水乡、清溪、常平 6 区。陈铭炎在温塘主持全县工作，下乡工作时，他坚持与群众一起吃地瓜、喝粥水，进一步提高了共产党在群众中的威信。1943 年上半年，为战胜严重经济困难，中共东莞组织领导人民群众进行生产自救，种下大批旱地作物和秋收作物。同时，发动群众开展"二五"减租运动，帮助广大农民度过灾荒。在艰苦的岁月里，东莞党组织领导人与群众同甘苦、共患难。1944 年 7 月，撤销特派员制。

中共东莞县特派员机关旧址

袁鉴文故居

袁鉴文故居位于东城街道桑园社区宝成一巷 3 号后面。

袁鉴文（1914—2007），1914 年 12 月出生于香港，1928 年 7 月随父回乡，1928 年至 1935 年在东莞县中学读书。1935 年考入广州中山大学。1936 年参加中国青年同盟，同年 12 月离开中山大学到北平参加抗日民族先锋队。1937 年 6 月在北平加入中国共产党。1938 年 4 月任中共东莞中心县委组织部部长，负责在县城发展党员，建立党组织。1938 年 10 月参与组建抗日模范壮丁队，任政治指导员。

袁鉴文故居

中华人民共和国成立后，任韶关军管会副主任、广东军区北江军分区副政治委员、中南军区师范学校训练部长、武汉军区战斗报社社长等职。1965年转业担任武汉市教育学院院长，1976年11月离休。2007年7月20日病逝于广州。袁鉴文故居是一间一层楼高的青砖瓦房，坐西北向东南，袁鉴文在东莞中学求学期间居住于此，1935年底离乡后，其父母及原配夫人一直在这里居住至逝世，而后这里便一直空置。因故居年久失修，无人打理，同时受自然灾害的影响，部分墙身倒塌，杂草丛生。

立新革命烈士陵园

立新革命烈士陵园航拍图

立新革命烈士纪念碑

立新革命烈士陵园位于东城街道立新社区门岭山山顶。

大革命时期，立新人民在这里开展农民革命运动，成立农民协会和农民自卫军，同土豪劣绅作斗争。抗日战争初期，建立中国共产党地方组织——火（火炼树）犬（犬眠岭）横（横岭）党支部。同时，建立火犬横抗日常备队。

在革命战争年代，立新、火炼树村人民在中国共产党的领导下，积极参军参战，英勇打击敌人，支援前线，保卫家乡，为中华民族的独立和解放英勇斗争，先后有蔡焯（中共火犬横支部书记）、叶松、苏玉如、苏文光、袁桂初、潘光美、林桥、叶凤生、李锋、李官福、袁生等 20 多位优秀革命儿女献出了宝贵的生命。

立新、火炼树村人民为缅怀先烈，于 1966 年在立新犬眠岭村北面的金桔岭山南坡修建立新革命烈士纪念碑，纪念碑内安葬着在抗日战争和解放战争中牺牲的蔡焯等烈士的骸骨。

因城市建设需要和原有纪念碑年久失修，1997 年底拆除旧纪念碑。2000 年 3 月，立新社区在门岭山山顶修建立新革命烈士陵园，重建革命烈士纪念碑，修建纪念碑广场，每年清明或者重阳节，东城街道立新附近中小学都安排学生到此扫墓，缅怀先烈。

温塘革命烈士陵园航拍图

温塘革命烈士陵园

该陵园位于东城街道温塘社区七姐妹山山顶。

1940 年，中共东莞县委机关设在温塘，并在温塘建立党支部。自此，温塘人民在共产党领导下，成立青年抗日大同盟、青抗队、民兵常备队组织，展开破坏日军的交通、电线、桥梁等活动，并建立了民主乡政权、农会、妇救会和情报、税收、医疗站等机构，配合游击队开展各项工作。1944 年初，温塘 20 多名青年加入东江纵队第三大队独立中队。同年 5 月，日军加藤大队 500 多人偷袭驻东莞梅塘龙见田的东江纵队领导机关和第三大队。为掩护临时指挥部转移，独立中队在马山与日军浴血奋战，9 名温塘籍战士英勇牺牲。同年 7 月，日伪军 200 多人"围剿"温塘，温塘民兵常备队配合东纵第三大队在蟾蜍岭一带阻击日伪军，5 名队员牺牲。

在抗日战争、解放战争和社会主义革命建设中，共有 23 位温塘儿女先后为人民解放和社会主义建设事业献出了宝贵生命。为纪念这 23 位革命烈士，当地政府于 1966 年在温塘村南面大王公山下的温塘联办中学校园内修建了纪念碑。

2002年10月，为纪念在抗日战争、解放战争、抗美援朝战争和剿匪战斗中牺牲的温塘籍烈士，温塘村委会在温塘社区七姐妹山山顶新建了革命烈士陵园。烈士陵园占地面积达3 000平方米。园内新建有黄色琉璃瓦的烈士纪念亭，纪念亭的正前方沿着台阶而上栽种了两排挺拔的青松。亭内有革命烈士纪念碑。每年清明节和重阳节，温塘社区附近学校学生到此扫墓，缅怀先烈。

革命烈士纪念亭牌匾

陵园中的革命烈士纪念亭

东莞水乡北区武工队队部遗址

该遗址位于中堂镇四乡村泗涌，是原东莞水乡北区武工队队长郭奖贤的家。

1948年4月，根据中共东宝县委指示，东莞水乡区委扩大会议在潢涌黎耀家的洲寮召开。会议由中共东莞县委宣传部部长兼水乡区区委书记何胜（卢焕光）主持，区委书记王纪平、区委祝锦龄和陈成来、黎耀、各支部负责人及部分党员骨干参加。会议决定：正式宣布成立水乡北区武工队，任命郭奖贤为队长（1949年1月由祝陈溢接任队长），祝厚良为指导员。

　　区委召开扩大会议后，1948 年 4 月中旬，当时部分武工队骨干和队员 20 多人集中在中堂泗涌村郭奖贤家的香蕉地里开会，并宣布水乡北区武工队正式成立。武工队队部设在郭奖贤家，以此为据点，开展宣传、扩军、游击战与联络等革命工作。1949 年春夏间，东莞水乡的所有武工队分别扩编为中国人民解放军粤赣湘边纵队东江第一支队第三团蛟龙队、青龙队和过江龙队。

　　东莞解放后，随着郭奖贤调任，遗址一直无人居住。2018 年政府出资修复。

东莞水乡北区武工队队部遗址

霍锡熊烈士纪念碑广场

霍锡熊烈士纪念碑广场航拍图

霍锡熊烈士纪念碑

该广场位于中堂镇斗朗社区滨江东路。

霍锡熊（1915—1947），又名霍路洪，曾用名石熊，1915 年出生于东莞中堂斗朗村。1938 年 8 月加入中国共产党，随后参加广东抗日民众自卫团增城三区常备队。东莞、增城等地沦陷后，他奉命回到家乡，带领群众开展抗日斗争。同年 12 月上旬，他率领民众武装在斗朗抵抗日军的进犯，毙伤日军多名。

1944 年春，霍锡熊奉命调到东江纵队独立第二大队负责宣传和民运工作。同年冬，调到东江纵队第四支队，任税站总站长。1945 年先后任增城县永和区抗日民主政府副区长、区长。

1947 年 1 月 27 日（农历正月初六），霍锡熊在惠阳富美村召开秘密会议，向东江纵队复员人员传达中共香港分局关于恢复武装斗争的决定。由于坏人告密，富美村遭到国民党广东省保安第八团两个中队和地方反动武装共 300 多人的层层包围。28 日凌晨霍锡熊组织与会人员分头突围。霍锡熊、黄卫民、刘友、郭贵 4 人在突围中壮烈牺牲。

为缅怀霍锡熊等 4 位烈士，富美村群众在村后背山修建了一座纪念碑。1987 年 4 月，中堂镇人民政府为纪念霍锡熊烈士牺牲 40 周年，把烈士的骸骨从惠阳县富美村（现惠州市惠城区芦洲镇富星村）移葬到他的家乡斗朗村渡头，2018 年迁移重建。

莫福生故居

　　莫福生故居位于麻涌镇东太村东浦北坊，坐南向北，门前有一口池塘，东面是泗光莫公祠的祠堂，南面、西面均是民居。莫福生上小学时全家在增城新塘镇居住，在公社化时期莫家把故居借给生产队作粮仓，"文化大革命"期间遭受破坏，现故居、祠堂内均受到严重损毁，且年久失修，十分破旧。

　　莫福生（1916—2003），曾用名莫建田、莫少泉、甘澎，东莞麻涌东太村人。1936年8月考入广州中山大学工学院机械系。1937年1月参加中国青年同盟。后又参加共产党领导的外围组织广东青年抗日先锋队（简称"抗先"），并担任中山大学"抗先"负责人。1938年4月加入中国共产党。1938年5月至10月，任中共中山大学支部书记。同年下半年，随广东省大中学校学生军事集训队北撤韶关。1940年3月至5月，由党组织派往赣南，入中共广东省委训练班学习。1940年6月被派回东莞，秘密从事党的工作，任中共常平区委书记。1942年下半年，担任中共东莞一线后方县委书记。1943年春调往增城县，任中共增城县委委员兼组织部部长。同年4月，县委改特派员制，任中共增城县特派干事兼新塘区特派员。同年12月，为配合增（城）从（化）番（禺）边区开展敌后游击战争，成立中共番增工作委员会，任书记。

莫福生故居

　　1945 年抗战胜利后，在广州从事中共地下党的商业活动和联络工作，直至广州解放。

　　中华人民共和国成立后，历任东莞县政府秘书兼文教科长，江门专署经济委员会主任、重工业局局长，肇庆专署经济委员会副主任、主任等职。1976 年 5 月起任肇庆地区计委主任。1983 年 10 月离休。2003 年 10 月逝世。

　　莫福生生前关心家乡的经济建设，曾多次回到故居，探亲访友，帮助解决家乡农业生产困难，等等。

大步革命烈士纪念碑及革命烈士墓

　　该碑及墓位于麻涌镇大步村集体公墓安陵墓园内。

　　该纪念碑建成于 1993 年 10 月，为纪念抗日战争、解放战争时期及对越自卫反击战中大步籍祝厚良、祝群、祝国良、陈有、何炽科 5 名革命烈士而建。纪念碑后面是墓园，排列着 5 位烈士及 2 名革命老同志祝锦龄、祝应湖的墓。

大步革命烈士纪念碑及革命烈士墓

祝厚良，1943 年加入中国共产党，1945 年参加东江纵队，1953 年 3 月在湛江执行公务时牺牲，生前是中国人民解放军第四野战军 2 师 5 团指导员。祝群，1948 年加入中国共产党，1949 年夏在中国人民解放军粤赣湘边纵队东江第一支队第三团蛟龙队当排长，1952 年在东莞县人民武装部任参谋，同年到东莞太平参加剿匪工作，在沙田区遭土匪暗杀牺牲。祝国良，1945 年加入中国共产党，1949 年加入中国人民解放军粤赣湘边纵队东江第一支队第三团，同年在东莞寮步浮竹山战斗中牺牲。陈有，1949 年参加粤赣湘边纵队东江第一支队第三团蛟龙队，在吴家涌鹤田战斗中牺牲。何炽科，中国人民解放军战士，1979 年 2 月在对越自卫反击战中牺牲。

刘屋战斗遗址

该遗址位于石碣镇刘屋村同德路 468 号，又称榴花战斗遗址。

1938 年 10 月 12 日，日军入侵华南，在广东省惠阳县的大亚湾登陆。10 月 15 日，中共东莞中心县委组建了人民抗日武装东莞抗日模范壮丁队。日军占领惠州后，于 19 日占领石龙，莞城危在旦夕。同日，中共东莞中心县委决定，由东莞社训总队政训员何与成、副总队长颜奇率抗日模范壮丁队和壮丁常备队共 200 余人，开赴石龙附近东江南岸的榴花、峡口、西湖、京山一线设防，阻止日军渡河向莞城进攻。抗日模范壮丁队和壮丁常备队在峡口、京山、鳌峙塘等地坚守 20 多天，挫伤了日军的锐气，增强了东莞人民抗日的信心。

刘屋战斗遗址

　　日军多次进攻，均未能占领东江南岸，遂在东江北岸石碣一带村庄烧杀抢掠。驻扎峡口的模范壮丁队和壮丁常备队的指战员义愤填膺，纷纷要求过江杀敌。中共东莞中心县委书记姚永光与何与成、颜奇等人研究，决定过江与石碣的群众一道打击日军的猖獗活动。颜奇主要负责军事工作，何与成负责动员群众。何与成每晚带上几个战士渡江来到刘屋村，向村民宣传抗日救国的道理，号召村民抗日，并帮助组织了刘屋抗日自卫队。

　　11月13日拂晓前，何与成、颜奇率领40多名队员从峡口渡过东江来到刘屋村边设伏。上午9时，在刘屋村边与一队日军骑兵遭遇。队员们在刘屋抗日自卫队的配合下，集中火力向日军马队射击。日军骑兵遭此突然袭击，边策马奔驰边用冲锋枪还击。战斗异常激烈，日军骑兵包围了桑园下，抗日队伍利用田埂作掩护，钻进稻田，继续与日军浴血奋战。战斗僵持至中午，日军不知虚实，不敢恋战，仓促撤走。这场战斗，模范壮丁队和壮丁常备队王尚谦等11人、刘屋自卫队刘镜辉等11人牺牲。

　　11月14日，东莞中心县委在莞城中山公园举行追悼大会。群众给烈士送上挽联："老模首战东江畔，榴花塔下显忠魂。"此战史称"榴花战斗"，是中共广东地方组织领导人民抗日武装对入侵日军的一次较早的有组织的抵抗，振奋了东江地区的民心士气。

刘屋战斗遗址航拍图

中共东宝联合县委机关遗址（高埗）

该遗址位于高埗镇高埗村北联村民小组，现已拆毁。

中共东宝联合县委机关遗址原是一间坐北向南的大院，比较宽阔，周围是民居。1938 年底，根据中共粤东南特委的指示，中共东（莞）宝（安）联合县委成立，张如任书记，袁鉴文任组织部部长，王作尧任宣传部部长兼武装部部长。中共东宝联合县委的任务是在短期内恢复同各地党支部的联系，重建党领导的武装队伍，在敌后开展游击战争。

中共东宝联合县委机关起初设在清溪苦草洞村，后又迁至塘厦、大岭山太公岭。1940 年初再迁至水乡高埗，机关设在高埗村莫纪彭家。东宝联合县委在水乡发动群众，公开成立兄弟会、姐妹、读书会等团体，利用这些团体宣传抗日。还通过高埗党支部，建立了一支武装——高埗自卫队。水乡区委派人打进水乡土匪内部，掌握了部分武装。为取得对水乡区土匪武装的领导权，中共东宝联合县委还成立水乡武装起义委员会。中共东宝联合县委在水乡的活动，为以后党领导水乡人民抗日武装斗争打下基础。

1940 年 6 月，中共东宝联合县委撤销，县委机关撤离此地。

中共东宝联合县委机关遗址

李一之烈士墓

该墓位于高埗镇上江城村骨灰楼西侧。

李一之（1904—1940），又名李柏根，东莞市高埗镇上江城村人，1926年考入黄埔军校，在校期间参加北伐战争。1937年春，返回家乡创办东圃小学，培养革命人才。

1938 年 5 月，李一之加入中国共产党，1940 年任国民党第四战区东江游击指挥所中校作战课长兼游击基干大队长，出色地完成了中共党组织交给的秘密任务，为粉碎国民党企图消灭东江人民抗日武装的阴谋作出了重要贡献。为了在东莞水乡开展游击战，经部队党组织同意，李一之与战友叶碧华于 1940年 10 月底回到上江城开展革命活动。1940 年 12 月 12 日拂晓，他在水乡秘密开展抗日活动时，不幸被日军逮捕，身上被刺十几刀，宁死不屈，壮烈牺牲。

东莞市人民政府于 1986 年 12 月在上江城东江大堤旁修建了李一之烈士墓，并为烈士立碑。2004 年 12 月，高埗镇人民政府因改造挂影洲堤围达标工程，把李一之烈士墓移至上江城村骨灰楼西侧。新墓碑建筑新颖，墓高 2 米多，正中用瓷片镶嵌着烈士遗像，遗像下方刻有"李一之烈士墓" 6 个大字，墓碑底座正面刻有文字，记载李一之的生平事迹。

李一之烈士墓

洪屋涡农民协会遗址

该遗址位于洪梅镇洪屋涡村。

这里原是一座庙宇式的建筑，名为永安社学。社学是当地调解民事纠纷及议事的场所。1923 年至 1926 年间，这里是洪屋涡农民协会及党团组织活动的主要场所。1923 年 10 月，东莞第一个青年团组织——中国社会主义青年团广东区直辖东莞支部在洪屋涡正式成立，书记莫萃华，成员有莫式姜、张法、陈昶、莫炯斋等 6 人，皆出身于农民。1924 年 7 月初，莫萃华参加第一届广州农民运动讲习所学习后被派回家乡，开展农民运动。他以社学为主要场所，培训团员，整顿团支部，并以团员为骨干，发动更多的农民参加农会。这期间，广东农民运动的先驱阮啸仙、彭湃多次来洪屋涡指导青年团和农运工作。1924 年 10 月 1 日，在永安社学正式宣布成立洪屋涡农民协会，由莫萃华担任大会主席。

洪屋涡农民协会遗址航拍图

农民协会成立时，街头巷尾都贴满"打倒土豪劣绅""实行耕者有其田"等标语。国民党中央农民部秘书彭湃专程从广州赶来，向举着彩旗兴高采烈参加大会的农民群众发表演说，接着莫萃华讲话，并由彭湃代表国民党中央农民部授予犁头旗。大会还宣读了国民党中央农民部的祝词。随后，成立农民自卫军，由张法和陈昶担任正副队长。在洪屋涡农民协会的影响下，农民运动成燎原之势，邻近各村纷纷响应。不久，莫萃华在梅沙村召开十八乡会议，成立十八乡联乡办事处，共商农运大事，还成立以洪屋涡为中心的十八乡农民自卫军，人数达200人。在此基础上，1924年10月23日，东莞县第二区农民协会成立。1927年4月至1929年3月间，革命处于低潮，党团组织被破坏，洪屋涡农民协会组织也处于涣散状态。

东莞解放初期，洪屋涡农民协会遗址被分给四户贫雇农作住房，后改作小学校。1958年被全部拆除。1974年建成一栋混凝土结构的两层高供销社大楼，2001年供销社解体，现为庙下坊群众娱乐室。

洪屋涡农民协会遗址组照

广东人民抗日游击总队训练班遗址

该遗址位于厚街镇双岗村官美厦小组。遗址以草寮建成，年久失修，已不存在。

遗址所在地处于东江和珠江交界的水网出口地带，一马平川，河涌纵横，曾是有名的"莞草"产地。东莞解放前在水网周围环绕着一望无际的碧绿水草，俗称"青纱帐"，具有较好的隐蔽性，是抗日游击队活动的理想场所。

1942 年至 1943 年间，广东人民抗日游击总队利用双岗村咸草田的草寮先后举办了军政干部培训班、干部整风学习班、保卫干部训练班。各期训练班一直在隐蔽、安全的环境下进行，均取得良好的训练效果。1943 年 11 日，广东人民抗日游击总队决定在东莞双岗村举办数十人的军政训练班。由于当时游击队正在反击日伪顽军的进攻和"扫荡"，战斗频繁，许多部队抽不出干部来参训，只有主力大队珠江队 4 名政治战士报到，但总队政治部仍坚持开班。在这个军政训练班上，总队政治部主任杨康华讲授"中国革命史"和"中国革命与中国共产党"课程，宝安大队政训室主任陈坤讲授"党的建设"和"连队政治工作"。这期学习班为期一个月。

由于双岗村咸草田非常隐蔽，1943 年 3 月，总队政治部、《前进报》社址、新闻台都曾一度设在这里，成为抗日游击队安全可靠的活动场所。

广东人民抗日游击总队
训练班遗址

梁德明起义遗址

该遗址位于厚街镇环冈村雅淡祖祠，已于 20 世纪 70 年代拆毁，改建为环冈村文化室。2016 年，环冈社区将文化室进行加固修葺。

环冈村文化室

　　1942 年 1 月，广东人民抗日游击总队成立后，广东敌后游击战争有了较大发展，为后来东江纵队的成立奠定了基础。1942 年 10 月，广东人民抗日游击总队为了更好开展莞太公路两侧的敌后工作，打通与珠江三角洲兄弟部队的联系，成立中共莞太线敌后工作委员会，广东人民抗日游击总队副总队长王作尧兼任书记，领导机关设在厚街，领导莞太线、宝太线一带的敌后工作。

　　1943 年 11 月 8 日，经过中共莞太线敌后工委和中共东莞地方组织的耐心争取，驻莞太线厚街的伪军第 30 师 89 团代理团长兼第一营长梁德明率领伪军第 1 营和一个机炮连，到环岗村与抗日游击队会合，正式宣布起义。起义官兵共 130 多人，带有轻重机枪各 1 挺，长短枪 120 支，后编入广东人民抗日游击队东江纵队宝安大队，梁德明任大队长。

　　梁德明率部起义，鼓舞了东莞敌后军民的抗日意志，打击了敌伪的嚣张气焰，这是东莞地方党组织在敌军中策反起义的一个成功事例。

环冈村文化室内部

王作尧故居

　　王作尧故居位于厚街镇厚街村西门巷。原是一座清代建筑庭院，名为小坞园。有房屋 20 间，围墙内占地面积 3 000 多平方米。这里是广东人民抗日游击队东江纵队副司令员兼参谋长王作尧的家，同时也是土地革命战争时期中共东莞特别支部书记王启光的家。抗战时期，小坞园成为广东人民抗日游击队东江纵队活动的一个重要秘密据点，其中东江纵队的新闻电台和油印室曾一度设在小坞园内。

　　王作尧 1934 年毕业于广州燕塘军校。1935 年 10 月参加中国共产党外围革命组织中国青年同盟，1936 年 9 月加入中国共产党。1938 年 4 月任中共东莞中心县委宣传部部长兼武装部部长。1938 年 10 月 15 日任中共东莞中心县委组建的人民抗日武装——东莞抗日模范壮丁队队长。1939 年 1 月任东宝惠边人民抗日游击大队大队长，率队在东莞、宝安开展抗日游击战争。1940 年 9 月任广东人民抗日游击队第五大队大队长，率队创建宝安阳台山抗日根据地。1942 年 1 月任广东人民抗日游击总队副总队长兼参谋长，领导部队深入东（莞）宝（安）敌后打击日军，恢复和发展抗日根据地。1943 年 12 月任广东人民抗日游击队东江纵队副司令员兼参谋长。1944 年 7 月兼任东江抗日军政干部学校校长。1945 年 7 月在中共广东省临委干部扩大会上当选为中共广东区委委员。

王作尧亲笔题写的"厚街前进学校"新校名

1945 年 8 月，王作尧、林锵云、杨康华率领东江纵队和珠江纵队部分主力挺进粤北，迎接八路军 359 旅南下支队，创建五岭根据地。1946 年 6 月底，王作尧与曾生等率领东江纵队主力北撤山东后，先后任华东军政大学第四大队大队长，华东野战军第 10 纵队副参谋长。1948 年 5 月任华北军政大学教育部副教育长。1949 年 6 月任两广纵队副司令员兼第 2 师政治委员。1949 年 7 月与曾生等率部南下参加解放广东战役。中华人民共和国成立后，王作尧先后任广东军区江防司令部副司令员、广东军区副参谋长、广州防空司令部司令员、广东省防空司令部第一副司令员、中南军区防空军第一副司令员、高级防空学校高级班主任兼代理训练部长、沈阳军区空军司令员、武汉军区空军副司令员等职。1955 年被中央军委授予大校军衔，1961 年晋升为少将军衔、副兵团职。1957 年 6 月被中央军委授予一级独立自由勋章、一级解放勋章。1979 年当选为广东省人大常委会副主任。1988 年 8 月被中央军委授予一级红星功勋荣誉章。1990 年 7 月 3 日在广州病逝。

由于小坞园年久失修，中华人民共和国成立后，已近荒废。1971 年，厚街村在此建立小学，小坞园残存的房屋被拆除，空地用来建课室。1983 年，由王作尧与堂兄王启光为代表的两家人共同将小坞园土地捐献给厚街村，以支持厚街村小学的扩建，王作尧亲笔题写"厚街前进学校"新校名。1989 年，厚街村在小坞园原址上建亭，王作尧亲笔题名为"小坞亭"。2005 年 12 月，厚街镇人民政府在小坞亭旁边竖立石碑，刻上《小坞园革命历史简介》碑文。

黄潭战斗遗址

该遗址位于厚街镇大迳村汪潭小组。

1940 年 11 月初，驻莞（城）太（平）公路和厚街、桥头村的日军一个加强中队及一个炮兵分队共 200 多人，奔袭驻汪潭村的广东人民抗日游击队第三大队。第三大队与敌激战 4 小时。在敌强我弱情况下，游击队占据汪潭村后面高地，掩护村民安全转移到大岭山，然后撤出汪潭村。日军在汪潭烧屋抢掠后，抬着伤亡人员撤回厚街。这一仗，毙伤日军 30 多人，广东人民抗日游击队第三大队小队长陈定安、黄毓光和战士潘敬波、何光、黄喜等人牺牲，中队长陈其禄、副中队长鲁风、手枪队队长翟信等 5 人受伤。在汪潭村发生的这场战斗，历史上惯称"黄潭战斗"，这是广东人民抗日游击队东移海陆丰重返东（莞）宝（安）敌后的第一仗。第三大队以劣势装备英勇抗击日军的进攻，打击了日军的嚣张气焰，鼓舞了人民群众的抗日斗志，在东宝地区产生了较大的政治影响。

黄潭战斗简介

黄潭战斗展览厅

黄潭战斗展览厅内部

方炯贤烈士墓

该墓位于厚街镇河田村神仙水入口处。

方炯贤是河田东头人，出生于香港，幼年父母双亡，稍长便回到家乡务农。

1941年，在东头村中共地下党员方结力引导下，方炯贤加入中国共产党，并参加了广东人民抗日游击队，在大岭山一带打游击，后任游击队中队长。

河田村神仙水公园

方炯贤烈士墓航拍图

　　1945年春节刚过，一大队日伪军从桥头向河田"扫荡"，在浪桥附近，与广东人民抗日游击队东江纵队部队遭遇。战斗开始，日伪军占据了有利地形，机关枪架在浪桥桥头，兵力沿陂坝散开，密集的火力压向游击队。游击队只得占据大块地掩蔽在番石榴树后和田坝高坡后抵抗。方炯贤带领两名队员，向社山庙迂回，利用地形猛冲过去夺取敌人的机枪。战斗中方炯贤腹部中弹，有一段肠子都露了出来。就在这一刹那，游击队员冲上了陂坝，打败了日伪军。后来，方炯贤被抬到游击队战地医院抢救，由于失血过多，壮烈牺牲。牺牲前还安慰战友说："不必难过，我死不了的，就算死了，也是光荣的。"方炯贤牺牲后，人们在他的墓地上树碑纪念。

方炯贤烈士墓碑

大迳革命烈士纪念碑

该纪念碑位于厚街镇大迳村汪潭小组旁，这座纪念碑是为了纪念在革命战争年代牺牲的大迳籍烈士而建。最早于1983年12月建于大迳的对面山（山名）上，1995年因修建高尔夫球场迁至现址。2017年10月，修建成大迳黄潭革命烈士公园，占地约21万平方米。

1926年初，中共广东组织派李成章从广州返回大迳石马圩进行革命活动，建立中共石马支部，李成章任书记。同时，成立石马农民协会和农民自卫军，开展农民运动。日军入侵华南后，李成章在家乡组织农民抗日武装，抗击日军。

1940年11月初，驻东莞厚街、桥头村的日军一个加强中队和一个炮兵分队共200多人，奔袭驻汪潭村的广东人民抗日游击队第三大队。第三大队与敌激战4小时。在敌强我弱情况下，游击队占据汪潭后面高地，掩护村民安全转移到大岭山，然后撤出汪潭村。日军在汪潭烧屋抢掠后，抬着伤亡人员撤回厚街。这一仗，毙伤日军30多人，广东人民抗日游击队第三队小队长陈定安、黄毓光和战士潘敬波、何光、黄喜等人牺牲，中队长陈其禄、副中队长鲁风、手枪队队长翟信等5人受伤。汪潭战斗（惯称黄潭战斗）是广东人民抗日游击队东移海陆丰重返东（莞）宝（安）敌后的第一仗。第三大队以劣势装备英勇抗击敌人的进攻，打击了日军的嚣张气焰，鼓舞了人民群众的抗日斗志，在东宝地区产生了较大的政治影响，群众纷纷说："打日本的'老模'又回来了。"

大迳革命烈士纪念碑航拍图

1943 年 2 月，日伪军在石马进行反复"扫荡"，李成章率领石马民兵中队英勇抗击，后因弹尽粮绝，被俘牺牲。

大迳革命烈士纪念碑

富竹山伏击战遗址

该遗址位于寮步镇富竹山村盆岭。

1945 年 4 月下旬，东江纵队第一支队三龙大队和猛豹大队撤出东莞水乡。在支队长黄布、政治委员陈达明的领导下，在莞樟路沿线继续活动，使寮步成为抗日战争后期一个活跃的游击区，莞樟线从黄江至主山一带几乎都为三龙大队所控制，给敌人的军事运输和通信造成极大的打击。日军为保莞樟线畅通，曾先后向大朗、寮步进行多次"扫荡"，都遭到抗日游击队的迎头痛击。5 月 19 日，横坑、两头塘的伪军共 600 多人，分两路进攻陈家埔和良平。三龙大队和猛豹大队出动 5 个中队及一个民兵常备队总共 280 余人阻击由良平而来之敌。早上八九点，伪军一路进入三龙大队伏击圈时，遭到伏击，向富竹山新围撤退。不久敌人重整兵力，再次直迫三龙大队。三龙大队为诱敌深入，撤至陈家埔村后的神仙庙处潜伏，敌人穷追。三龙大队政治委员何清见时机成熟，即令连队和预先埋伏的民兵全面出击，霎时间各山头红旗招展，枪声大作，手榴弹一齐开花，打得伪军惊魂失魄，向军凶桥逃命。陈家埔有个卖猪肉的村民，拿起两把肉刀参加战斗，冲到村后，发现数名伪军负隅顽抗，他扑上去欲夺机枪，结果英勇牺牲。此战，毙敌 16 人，伤敌 20 人，俘敌 3 人，缴获步枪 7 支。经此打击，伪军一个营撤出两头塘。

富竹山伏击战遗址航拍图

富竹山伏击战遗址石碑

浮竹山战斗遗址

该遗址位于寮步镇浮竹山村碌头岭。

浮竹山战斗遗址航拍图

1949 年 6 月 21 日，中国人民解放军粤赣湘边纵队东江第一支队第三团新一营军事特派员李桂平、教导员刘辉率第二连（黄龙队）从大岭山沿莞樟公路破桥梁、剪电话线，以迷惑敌人，当晚驻扎浮竹山村。

驻寮步的国民党广东省保安第 14 团和县警大队 600 余人，于 22 日凌晨包围浮竹山村。拂晓前，国民党军发动猛烈攻击，黄龙队仓促应战。李桂平、刘辉率两个排突围，副连长龙若冰则率两个班从打鼓岭突围，伤亡较大。少年班被困在村里，苦战 3 小时。这场突围战，第二连张祥、祝国良、吴生、李祥等 13 人牺牲，6 人被俘，排长王文等数人负伤，丢失轻机枪 1 挺、步枪 10 余支。

1974 年 8 月，寮步公社在浮竹山战斗遗址上修建了浮竹山革命烈士纪念碑。1997 年，寮步镇政府对纪念碑进行重修。

浮竹山革命烈士纪念碑

该纪念碑位于寮步镇浮竹山村碌头岭。

浮竹山战斗事迹和立碑情况详见前文所述。

浮竹山革命烈士纪念碑

上屯革命烈士纪念碑

该纪念碑位于寮步镇上屯村地牛岭公园。

1970 年夏，为纪念抗日战争和全国解放战争时期牺牲的钟水、钟初等革命烈士，由东莞县人民政府拨款，寮步公社建造上屯革命烈士纪念碑。

1992 年，由市民政局拨款，寮步镇人民政府重修纪念碑。纪念碑的底层面积为 6.25 平方米，碑高 6 米，宽 1.6 米，呈梯形，为砖石水泥结构。碑身正面刻有"革命烈士纪念碑"7 个大字。

钟初（1925—1943），又名钟赞初，寮步镇上屯村人。1941 年冬加入中国共产党。随后参加抗日游击队，任小队长。1943 年 2 月初，国民党顽军偷袭广东人民抗日游击总队第三大队三屺税站。钟初为牵制敌人，保卫税站，与敌人展开战斗，不幸中弹牺牲。

钟水（1924—1947），寮步镇上屯村人。1943 年在广东人民抗日游击总队第三大队组织的莞樟线武工队任队长。他常带队伍突袭日伪军铁路线上的据点。1947 年 2 月 26 日，惠东宝人民护乡团第三大队东莞队突袭国民党梅塘反动据点后，转移到寮步古村隐蔽。27 日遭国民党东莞县保警第三大队两个中队袭击，东莞队边打边撤，战斗中排长钟水负伤。他在养伤期间被敌人搜捕，于 1947 年 3 月在莞城英勇就义。

上屯革命烈士纪念碑

中共东莞县委、县人民政府旧址

该旧址位于大岭山镇大环村黄围四巷 5 号。

该旧址坐东北向西南，是一座建有两间瓦房的民房，长 19.1 米，宽 19 米，总面积 362.9 平方米。·

1949 年 9 月 1 日，为在思想上、组织上、工作上做好迎接广东解放的准备，中共江南地委发出通令，对东莞、宝安两县的组织和干部分别进行调整。分别成立东莞县委和宝安县委，东莞县人民政府和宝安县人民政府；中国人民解放军粤赣湘边纵队东江第一支队第三团及政治处为东莞、宝安两县最高军事领导机关，地方连队、武工队平时受县政府领导，战时统一受团部指挥；中共东莞县委设组织、宣传、政权、青年、妇女等部（委），由卢焕光任县委书记，方东任组织部部长，袁卫民任政权部部长，祝锦龄任宣传部部长，莫如任青妇委主任，卢焕光、方东、袁卫民三人为常委。调整后的中共东莞县委下辖党组织有：新一区委，莫宜（后周伟勋）任书记，辖大朗、常平、东坑的党组织；新二区委，汤潮（后邝枝）任书记，辖大岭山地区的党组织；新三区委，张生任书记，辖清溪、凤岗、樟木头等地的党组织；新四区委，罗金润任书记，辖水乡的党组织；太平区委，莫宜任书记，辖太平；莞城总支部，卢佳任书记。

1949 年 10 月 16 日，粤赣湘边纵队司令部命令东江第一支队第三团从宝安回师东莞，配合兄弟部队解决莞城之敌。10 月 17 日，第一支队第三团进入东莞县城宣告东莞解放，当天成立东莞县军事管制委员会，祁烽任主任，杨培、麦定唐、卢焕光任副主任。中共东莞县委、县人民政府机关从解放区大岭山大环村迁到莞城。

该遗址于 20 世纪 80 年代重建，但基本保持了原来的面貌。

中共东莞县委、县人民政府旧址

百花洞战斗遗址

该遗址位于大岭山镇百花洞村。

1941 年 6 月 10 日晚，驻东莞莞太线的日军长濑大队 400 余人，驻厚街伪军第 30 师一部 200 多人，分两路（日军主力从东莞莞城向南，经上下山门、髻岭；伪军从桥头、大迳）进犯大岭山，拟定在拂晓时会攻大岭山抗日根据地中心百花洞村。当敌人进入百花洞村附近时，被广东人民抗日游击队第三大队警戒部队发现。第三大队在曾生、邬强的指挥下，立即紧急动员战斗，游击队和各乡的抗日自卫队迅速占领了村四周的高地。11 日拂晓，两路日伪军进抵百花洞村，第三大队和抗日自卫队趁敌人立足未稳，即以密集火力扫射，阻止敌人进攻。

日军遭到突然打击，队形大乱，仓皇占领百花洞村前左侧的小高地顽抗。这时，驻大沙长圳岭的第三大队虎门队从太公岭进至百花洞东侧，向日军发起冲击，虎门队在机枪火力掩护下，迅速突破日军防线，与敌人展开白刃战。第三大队东征队和第五大队的铁路队及张七稳带领的瓮窑、大王岭、油古岭的民兵中队亦占领百花洞村后一带山地；第三大队的大华队和第五大队的石龙队及大迳、大环民兵占领大环村后黄头排山地；连平联乡办事处主任刘荫带领自卫中队及畔山、髻岭、飞鹅、连平圩、上高田、大石板、新屋场的民兵占领了畔山、新屋场一带山地；邝池寿带领太公岭民兵扼守在大地村，从而形成对日军的包围。

日军陷入包围后，疯狂向抗日游击队阵地开炮，发动数次冲锋。抗日游击队和抗日自卫队坚守阵地，一次又一次击退日军进攻。激战至下午 3 时，日军两次施放烟幕弹，企图突围，未能得逞。

百花洞战斗遗址石碑

随后日军放出信鸽，向石龙日军求援，信鸽停落在大沙正围门上休息时，又被大沙抗日自卫队击落。从信鸽身上搜获其求援报告及地图。入夜，敌人龟缩在企岭山一带山地据守待援。第三大队组织突击小分队向日军袭击，附近的抗日自卫队和群众亦不断骚扰敌军。

翌日，日军空军向待援的日军空投粮食、弹药，部分空投物资为抗日游击队所获。下午，日军从石龙、广州派出步兵、骑兵1 000余人前来救援，还派来飞机掩护，这才把被围的日军接应出去。

百花洞战斗遗址雕塑

这次战斗历时两天一夜，毙伤日伪军五六十人，其中击毙日军大队长长濑，缴获长、短枪10余支和弹药一批，毙敌战马多匹。抗日游击队和抗日自卫队共伤亡10余人。此仗，日军哀叹："这是进军华南以来最丢脸的一仗。"战后，第三大队在连平召开有数千人参加的祝捷大会。百花洞战斗是抗战以来东莞军民取得的一次重大胜利。

由于工业发展，百花洞战斗遗址大部分已建成厂房和商铺。

百花洞战斗遗址浮雕

东山庙——东宝工农红军领导机关遗址

该遗址位于大朗镇屏山社区对面的东山。

1928 年 5 月 28 日，东莞、石龙、宝安三地中共组织负责人在东山庙召开联席会议，决定东莞、宝安两县派出武装集结于两县交界的东山，以此为中心，向邻近地区发展，实行武装割据，进行土地革命。东莞、宝安两县负责人随即进驻东山，在东山庙设立领导机关。两县党组织领导的部分武装队伍，也开进东山。党组织按照工农红军建制，对集中的武装进行整编，准备从游击战争入手，扩大红军和赤卫队组织。他们一方面派人做瓦解国民党军队的工作，试图发动士兵起义；另一方面深入东山附近农村，散发宣传品，宣传土地革命，惩办罪大恶极的土豪劣绅和反动分子。由于当时白色恐怖严重，反动军队步步紧逼，红军部队处于十分被动的局面，弹药给养无法解决，群众也未能发动起来，因而被迫停止武装割据，疏散了人员和武器。

抗日战争期间，东莞抗日模范壮丁队曾驻扎东山。1938 年 11 月下旬，日军占领莞城，王作尧、袁鉴文带领东莞抗日模范壮丁队 50 多人转移到东山，驻扎在屏山的东山庙，年底再转移到东（莞）宝（安）边界嶂阁。

东山庙于 1960 年拆除。现存的东山庙是 1996 年和 2009 年两次重建的，占地面积 191 平方米，建有庙堂一间，庙前仍遗留当年供游击队员饮用的流水井一口，井水甘甜可口。

东山庙——东宝工农红军领导机关遗址

南石陈公祠——东莞新一区抗日民主政府遗址

该遗址位于大朗镇南石区 166 号侧，始建于明代宣德年间，清道光四年（1824）和 2002 年两度重修。

1944 年 5 月 15 日，路西东莞新一区抗日民主政府在巷尾村南石陈公祠正式宣布成立，管辖东坑、梅塘、大朗等地。赵督生任区长，卢鉴明、古海生、陈鉴泉为区员。区政府设三个委员会：抗日自卫委员会、生产建设委员会、联乡委员会。其中，抗日自卫委员会有一个中队约六七十人的武装。同年 6 月，新一区政府梅长塘办事处成立，辖梅塘、长江、塘厦等地。办事处有武工队 5~7 人，常备队 50~70 人。1945 年 3 月原在寮步的新三区抗日民主政府撤销，原管辖的寮新乡、普治乡、温塘乡、寮旧乡、良横乡、石埗乡合并到新一区，这时新一区共有 10 个乡、90 个自然村，分布在莞樟线上两侧，面积 230 多平方公里，人口 7.6 万多人，耕地 10 多万亩。1944—1945 年秋期间，东江纵队第一支队在大朗驻防时，大都驻在南石陈公祠。在抗日战争中，新一区政府的支前、扩军、建政、发展经济等工作在路西东宝地区起到模范带头作用，对支援部队筹款、筹粮也起到很大的作用。

南石陈公祠——东莞新一区抗日民主政府遗址

南石陈公祠内部组照

屏山水口伏击战遗址

该遗址位于大朗镇屏山社区东山的半山腰上。

1948 年 5 月，为粉碎国民党的第一期"清剿"，巩固和扩大根据地，广东人民解放军江南支队第三团政治委员黄华、副团长林文虎、副大队长何棠，率钢铁队和金重队向大岭山区挺进，在屏山水口（现为大朗镇屏山社区）驻扎。

5 月 16 日，国民党靖海部队驻虎门要塞第二大队第五中队、县警第四大队第九中队刘定加以及李积仓自卫队约 200 人从霄边出发，准备进攻梅塘，途中在犀牛陂荔枝园休息。三团得到消息后决定在东山坳伏击这股敌人，布置钢铁队设伏于坳南侧高地，金重队占据坳顶，并派一个班控制主峰，另一个班斩断敌后路。

屏山水口伏击战遗址组照

经过两个小时的战斗，大获全胜，俘虏虎门要塞第二大队副大队长兼第五中队长黎汉民、国民党县警中队长刘定加以下官兵 24 人，毙敌 15 人（其中排长 3 人），缴获重机枪 1 挺、轻机枪 1 挺、步枪 26 支、短枪 6 支、钢盔 38 个、物资 25 担。第三团牺牲毛贵、莫培等 5 人，轻伤 5 人。屏山水口伏击战的胜利，粉碎了敌人分路合围和进攻梅塘地区的阴谋。

目前，该遗址整体保存尚完整，周边种植荔枝树，有一山路通往黄江镇梅塘地区。

水平革命烈士纪念碑

该纪念碑位于大朗镇水平村红旗庙旁，为纪念屏山水口伏击战牺牲的毛贵、莫培等 5 名烈士而建。

1948 年 5 月，为了粉碎国民党的第一期"清剿"，巩固和扩大根据地，广东人民解放军江南支队第三团政治委员黄华、副团长林文虎、副大队长何棠，率钢铁队和金重队向大岭山区挺进，在屏山水口驻扎。5 月 16 日，国民党靖海部队驻虎门要塞第二大队第五中队、县警第四大队第九中队刘定加以及李积介自卫队约 200 人从霄边出发，准备进攻梅塘，途中在犀牛陂荔枝园休息。三团得到消息后决定在东山坳伏击这股敌人，布置钢铁队设伏于坳南侧高地，金重队占据坳顶，并派一个班控制主峰，另一个班斩断敌后路。经过两个小时的战斗，大获全胜，俘虏虎门要塞第二大队副大队长兼第五中队长黎汉民、国民党县警中队长刘定加以下官兵 24 人，毙敌 15 人（其中排长 3 人），缴获重机枪 1 挺、轻机枪 1 挺、步枪 26 支、短枪 6 支、钢盔 38 个、物资 25 担。三团牺牲毛贵、莫培等 5 人，轻伤 5 人。屏山水口伏击战的胜利，粉碎了敌人分路合围和进攻梅塘地区的阴谋。

水平革命烈士纪念碑
（在维修）

　　1956年3月，大朗镇水平村为在这场战斗中牺牲的烈士立碑纪念。碑高4.56米，宽0.8米，占地80多平方米，碑身正面刻有"革命烈士纪念碑"7个字，碑两侧种有柏树各一棵，象征革命烈士的精神万古长青。目前，水平革命烈士纪念碑已成为大朗镇开展爱国主义教育活动的重要场所。

犀牛陂革命烈士纪念碑

　　该纪念碑位于大朗镇犀牛陂村井水尾。

　　抗日战争和全国解放战争时期，广东人民抗日游击队东江纵队和中国人民解放军粤赣湘边纵队曾在犀牛陂与敌人展开过多次战斗，一些游击队员在作战中英勇牺牲。东莞解放初期，犀牛陂村群众找到其中的两位烈士的骸骨，装好埋在村中的一座小山包上，用水泥密封好。1975年春，为纪念这两位烈士，犀牛陂大队在这座小山包上修建烈士纪念碑。2007年8月重建。该纪念碑坐东南向西北，麻石砌筑，碑高2.01米，底座长1.4米，正面刻着"革命烈士纪念碑"7个红字，碑两侧种植柏树，碑旁边新建有纪念碑管理用房。这两位烈士，一位名叫谢许球，男，1904年生，东莞大朗竹山人，1944年加入东江纵队，同年2月在犀牛陂与敌人作战时不幸牺牲；另一位是深圳宝安人，姓名不详，全国解放战争期间在东莞大朗犀牛陂牺牲。

　　目前，犀牛陂革命烈士纪念碑已成为大朗镇开展爱国主义教育活动的重要场所。

犀牛陂革命烈士纪念碑航拍图

犀牛陂革命烈士纪念碑

松柏朗革命烈士纪念碑

该纪念碑位于大朗镇松柏朗村鬼王肚山岭。

1945 年 5 月 9 日，盘踞在寮步的日军一个中队 100 多人沿莞樟公路进犯大朗，企图抢粮。当日军行进到黎贝岭、竹山附近莞樟路段时，东江纵队第一支队猛豹大队在大队长沈标和政治委员李少清的指挥下，根据地形地貌，在竹山敦煌岭上伏击敌人。猛豹大队将日军四面包围，猛烈冲锋，将敌打垮，日军狼狈逃走，进入竹树山的一部被猛豹大队压在水田里及山脚下。此战，猛豹大队政治委员李少清等 8 人牺牲，大队长沈标等 10 人负伤；日军死伤 35 人。当天下午 5 时，驻松柏朗村的猛豹大队和村民在该村为李少清等 6 名抗日烈士举行隆重葬礼。1948 年春，该村群众把同国民党军队作战时牺牲的一名游击队战士附葬于此。

松柏朗革命烈士纪念碑
航拍图

　　1961 年 9 月，松柏朗村按当地传统习俗，把 7 名烈士的骸骨装于灵塔，呈一字形排列。1963 年 8 月，建成灵塔屋式样，此为纪念碑的雏形。1983 年 12 月 2 日，该村在大朗区公所的帮助下，将灵塔屋改建成现存的纪念碑。纪念碑坐东北向西南，由碑身和碑座构成，碑身为四方柱体，高 3.55 米，下设两级碑座，高 1.3 米，边长 2.48 米，均以水泥砌筑，外贴水洗石米，正面题写"革命烈士纪念碑"，左、右面碑身分别题字"永垂不朽""浩气长存"，碑座上镶嵌石碑，长 40 厘米，高 73.5 厘米，石碑上刻有碑文，记述了 7 位烈士捐躯的经过。碑前的暗窖内安放烈士的灵塔，碑园前坪矗立着两棵参天古柏。目前，松柏朗革命烈士纪念碑已成为大朗镇开展爱国主义教育活动的重要场所。

松柏朗革命烈士纪念碑

松木山革命烈士纪念碑

　　该纪念碑位于大朗镇松木山村锦绣区花果山。

　　抗日战争和全国解放战争时期，松木山是广东人民抗日游击队东江纵队和中国人民解放军粤赣湘边纵队东江第一支队第三团的游击基地之一，部队经常在这里活动，曾经与日伪军和国民党反动军队展开过多次的战斗。

　　抗日战争期间有 5 名游击队员在这里牺牲。1944 年为纪念在松木山牺牲的游击队员，松木山村的群众把 5 名烈士葬在狗门岭（地名）。1962 年，为了让烈士得到更好的安息，把烈士的骸骨迁移到松木山村花果山上。1989 年，松木山管理区对墓碑予以重修，所立纪念碑坐北向南，碑座长 7.8 米，宽 5.1 米，碑高 2.58 米。碑的底座为墓，烈士的骸骨埋在墓下。砖石混凝土结构，由墓冢、墓碑及半圆形拜池组成，呈"山"字形，上面刻字"革命烈士纪念碑"和"五壮士之墓"。周围种有柏树，花果山长满了郁郁葱葱的荔枝树。

目前，松木山革命烈士纪念碑已成为大朗镇开展爱国主义教育活动的重要场所。

松木山革命烈士纪念碑

松木山革命烈士纪念碑航拍图

石厦革命烈士碑

该碑位于大朗镇石厦村菠萝岭上。

1945 年冬，在广九铁路以西一带活动的东江纵队第一支队一部遭到国民党军队的大举进攻。指挥员组织部队突围，战斗异常惨烈。游击队指挥员命令少年班抢占石龙岭制高点，掩护部队主力撤退。面对数十倍于己的敌人，班长振臂高呼："同志们冲呀！"只见小战士们人人奋勇，个个争先，顽强地阻止敌人的进攻，有两名小战士（姓名及籍贯不详）更是毫不畏惧，英勇杀敌。刚冲到半山腰时，一串串罪恶的子弹穿过他们的胸膛，倒在山坡上，献出了年轻的生命，牺牲时才十三四岁。

烈士遗体当时葬在石龙岭，骸骨用瓦罐盛装。2001 年，石厦村开发石龙岭，为了纪念 1945 年冬在石龙岭牺牲的两名小战士，村委会在村后菠萝岭建造烈士碑。该碑坐北向南，由碑身、碑座构成，碑身为四方柱体，高 1.53 米，以麻石砌筑，正面及左右侧分别刻字"革命烈士碑""浩气长存""永垂不朽"。碑座分两级，高 1.02 米，边长 3.03 米，砖石砌筑，灰砂批荡；镶嵌花岗岩石碑《烈士事迹简介》，长 0.71 米，高 0.45 米。

目前，石厦革命烈士碑已成为当地开展爱国主义教育活动的重要场所。

石厦革命烈士碑航拍图

石厦革命烈士碑

梅塘战斗遗址

该遗址位于黄江镇龙见田村南面。

1944 年 5 月 7 日，驻樟木头的日军加藤大队出动 500 余人，偷袭驻梅塘乡龙见田村的东江纵队领导机关和第三大队。当时，东江纵队第三、第五大队和东莞人队，集结在梅塘地区整训。纵队领导工作尧、梁鸿钧、杨康华等人，在梅塘乡龙见田村组成领导机关，领导部队的整训。

梅塘战斗遗址航拍图

5月8日拂晓，日军先头部队进至龙见田村的左侧，企图占领附近高地马山，偷袭驻村里的第三大队。王作尧和第三大队大队长邬强发现敌情，当即命令正在出早操的第三大队独立中队从西面抢占马山，掩护领导机关部转移。独立中队第一小队抢占马山头制高点，第二小队占领马山尾的主峰。邬强也随部队登上马山尾指挥作战，驻长山口村的第五大队，听见龙见田村方向打响，立即指挥第一中队占领龙见田村东北面的象山，第二中队监视东西一线，第三中队占领龙见田村东面的猪肝山。与此同时，梅塘地区的党组织发动民兵配合部队作战。

马山是控制龙见田村的制高点，马山阵地的得失，是决定整个战斗胜负的重要一环。当天上午7时许，日军在炮火的掩护下，分三路从东南、东北、正北向马山头进攻。独立中队第一小队严阵以待，等日军靠近阵地，立即集中火力猛打。战至上午11时，独立中队第一小队已连续打退日军4次冲锋，毙伤敌数十人，保证了纵队领导机关的安全转移。第五大队不断以火力威胁日军的左翼，支援马山战斗。下午1时许，日军企图撤退。东江纵队指挥员布置部队展开追击战，东莞大队担任正面追击，由田心直插龙见田北对面山、平点山截击日军；第五大队从猪肝山、象山迂回，形成半月形包围，把敌围困在马山北侧。日军多次冲锋，企图抢占制高点，但在东江纵队的火力压制下，进退不得。下午3时许，日军两次施放烟幕弹，企图掩护撤退，均未成功。战斗持续到黄昏，最后日军由汉奸引路，抄山边小路撤走。梅塘之战，日军伤亡近百人，撤回樟木头后士气低落，大队长加藤以下官兵10多人剖腹自杀身亡。东江纵队也伤亡较大，第三大队独立中队伤亡30多人，独立中队政治委员李忠（钟若潮）壮烈牺牲，独立中队长黎汉威负伤，第一小队指战员大部牺牲。

梅塘战斗是在日军几乎偷袭成功的危险情况下，由于东江纵队领导机关指挥果断，指战员前赴后继、英勇作战，民兵和群众的大力支援，使战斗由被动防御转为主动进攻，是东江纵队重创日军的一次胜仗。

梅塘战斗遗址

黄猄坑战斗遗址

该遗址位于黄江镇黄京坑（原名"黄猄坑"）村北面，东面是王猴山，南面是黄京坑村，西面是大朗打石岭，北面是大朗凤山。

1944 年 3 月 31 日，驻大朗的伪军第 45 师 134 团 1 000 余人进攻驻梅塘乡黄猄坑村的东江纵队第三大队。清晨，伪军气势汹汹地直奔黄猄坑而来。第三大队以一个小队在黄猄坑西北山地敌人的来路展开"麻雀战"，消耗敌人，将伪军逐步引入黄猄坑。伪军进入黄猄坑发现扑空后，慌忙向北撤退。此时，隐蔽在黄猄坑西南面山上的第三大队主力从左翼杀出，第五大队主力从右翼插上，两支劲旅对敌展开钳形攻势。指战员们在猛烈火力掩护下，猛打猛冲。梅塘乡的抗日自卫队和民兵也登上四周山头向敌人射击。伪军为了掩护撤退，派一个连抢占西北面的凤山。第三大队一个中队切断凤山敌人的退路，在自卫队和民兵的配合下，将这股敌人包围起来。第三、第五大队则从左右两面对撤退之敌展开追击战。伪军乱作一团，只顾夺路逃命，抗日游击队紧追不舍。战斗进行到下午，第五大队一个中队从黄江圩向敌人侧翼迂回，截断敌后撤部队，在黄猄坑以北地区歼敌两个连。抗日游击队将敌追至黄江河，大部分敌兵将枪支弹药丢进河中，涉水过河，狼狈逃回大朗。第三大队随即返回凤山，解决了被包围在此地的敌人。至此，战斗胜利结束。此战歼灭伪军两个连，击毙伪军20 人、伤 15 人、俘 28 人，缴获轻机枪 3 挺，步枪 100 多支。

黄猄坑战斗遗址航拍图

黄猄坑战斗，是东江纵队运用游击战和运动战相结合的战术，歼敌一大部的首次战例。

中华人民共和国成立后，黄猄坑改名为黄京坑。

长山口战斗遗址

该遗址位于黄江镇长龙清龙路（伯公坳）。

1948年5月8日，广东人民解放军江南支队第三团副团长林文虎率领钢铁队，在长山口冲破国民党第154旅一部和林村自卫队及观澜联防队、塘厦国民党驻军一个连的三路合围，毙伤敌19人。第三团牺牲2人，负伤2人，被俘1人。

1949年1月20日，中国人民解放军粤赣湘边纵队东江第一支队第三团获悉驻梅塘的国民党东莞县保警大队一个排从塘厦回防。于是，第三团命令第一营营长何棠率该营第一连，从黄江的上、下流洞村急行军到敌人必经之路——长山口的伯公坳伏击这股敌军。

长山口战斗遗址

第三团一连赶到长山口正在登山坳时，先到之敌已开始下山坳，结果伏击战变成了遭遇战。三团一连发现敌人后，立即展开一轮猛冲，将敌击退。此战，打死打伤敌人 10 余名，缴获机枪 1 挺、长短枪 20 余支。

中华人民共和国成立后，在战斗遗址中间建了一水库，名为南山水库，两个山头仍然保持原貌。

长山口战斗遗址石碑组照

鲁风故居

鲁风故居位于塘厦镇四村西布围四巷 29 号。

鲁风（1922—1984），原名刘侠尧、刘理培，又名鲁锋，东莞塘厦四村人。在塘厦小学读书时参加抗日救亡运动。1938 年 10 月参加东莞抗日模范壮丁队。1940 年 9 月任广东人民抗日游击队第三大队副中队长，参加大岭山根据地的斗争。1941 年 1 月，奉命与卢伟良等前往增城开辟新游击区，任增（城）从（化）番（禺）独立大队第一中队长，率队深入广州外围开展游击战争。1942 年冬至 1945 年 2 月，任广东人民抗日游击总队（后称东江纵队）港九大队副大队长、大队长，在开辟新游击区，开展海上游击战，组织营救盟军飞行员等一系列战斗中，战绩显著。1944 年 9 月任东江纵队第二支队副支队长，1945 年 9 月任东江纵队江南指挥部第一支队副队长。

鲁风故居组照

　　1946 年 6 月，随东江纵队北撤山东，任华东野战军司令部参谋、科长，参加淮海战役和渡江战役。

　　中华人民共和国成立后，历任华南军区高雷军分区参谋长，中南防空部队作战科长，广州军区空军高炮一〇九师师长，中南空军高炮副司令员、司令员，空军第七军副军长等职。1984 年 9 月逝世。

　　2014 年，鲁风后人对鲁风故居进行修辑，现保存完好。

鲁风故居航拍图

东江纵队第二支队第二大队指挥部旧址

该旧址位于樟木头镇裕丰社区坭坡居民小组 11 号。

1944 年 9 月，东江纵队第二支队组建后，在广九铁路以东地区开展游击战争。其中第二大队活跃在樟木头一带，并进驻坭坡村，以该处作为指挥部，在坭坡村周边开展抗战活动，多次在指挥部召开重要会议，部署和策划对敌斗争。抗战胜利后，东江纵队第二支队第二大队仍旧以这个指挥部指挥部队在路东地区坚持斗争，抗击国民党军队的"清剿"，直至 1946 年 6 月东江纵队主力北撤。

东江纵队第二支队第二大队指挥部旧址航拍图

东江纵队第二支队第二大队指挥部旧址内部组照

老虎山战斗遗址

该遗址位于凤岗镇油甘埔村沙岭村小组。

1944 年 7 月 22 日凌晨，东江纵队独立第三中队在抗日自卫队配合下，袭击平湖车站附近谭屋村伪警察中队，俘虏其中队长以下官兵 40 余人，毙伤敌 40 余人，缴获长短枪 70 余支。此战，独立第三中队少年班副班长李查理牺牲。战后，独立第三中队向雁田方向撤退。担任尖兵的少年班到达老虎山下沙岭附近时，突然与日军藤本大队主力 400 余人遭遇。日军占据地利，将独立第三中队压在一片开阔地。少年班在班长黄友指挥下抢占了一条较高堤围，与日军展开血战，掩护中队主力撤出开阔地。战斗中，战士傅天聪、尹林、赖志强、李明先后牺牲，黄友身负重伤仍用尽力气扯碎文件，掩埋驳壳枪，在投出最后一颗手榴弹后也壮烈牺牲。

东江纵队机关报《前进报》发表了何通撰写的通讯《老虎山下的英雄》。东江纵队新闻电台将此文发送延安新华社，新华社转发各个解放区的部队。1944 年 8 月 29 日，在延安出版的中共中央机关报《解放日报》，以"东江纵队连战皆捷，攻入平湖车站等地"为题，报道了平湖和老虎山这两场战斗经过。

老虎山战斗遗址航拍图

　　1944 年 11 月，东江纵队政治部发出关于《黄友等五抗日英雄牺牲》的通报，对黄友以及黄友所在的班进行表彰：公布黄友为"抗日英雄"，将黄友事迹作为全军教材，并把黄友所在的班永远定名为"黄友班"。同时，向中共中央军委报告。中央军委从延安电复东江纵队："追认黄友同志为广东人民抗日游击战斗英雄""中国共产党模范党员"。

　　自 20 世纪 80 年代改革开放之后，老虎山战斗遗址就逐步变成了工业厂房与居民商业用地，名字改成乐富山工业区，与老虎山谐音。

黄友故居

　　黄友故居位于凤岗镇凤德岭村。

　　黄友故居是其祖上分下来的一间传统客家民房，黄友父亲早逝，母亲到南洋谋生，家里只有兄弟姐姐相依为命，艰难度日。随着黄友牺牲，兄弟外出谋生，姐姐出嫁。现在故居为出租屋，由其姐后人管理。

　　黄友自小家庭贫困，小学二年级辍学，到本村华合腐乳店做杂工。

黄友故居

黄友（1927—1944），东莞凤岗人。1942 年参加抗日游击队。同年 10 月在清溪三峰同迎面扑来的日军搏斗，大腿被刺伤，仍顽强击毙敌人，缴获一支三八步枪，被提升为少年班班长。1944 年春，所在的部队改编为东江纵队独立第三中队（代号"飞鹰队"），仍任少年班班长，1944 年 2 月 15 日，带领少年班担任突击任务，在凤凰山红猪岭伏击日军一个班，一枪把敌机枪手打倒，夺过机枪。战后加入中国共产党。1944 年 7 月 21 日，飞鹰队夜袭驻平湖的伪警察中队，取得全胜后当即转移，次日凌晨到达老虎山下沙岭时，担任尖兵的少年班首先与日军藤本大队 400 多人遭遇。为摆脱敌人，黄友班担任阻击任务，与敌展开恶战，掩护主力杀出重围，在身负重伤的情况下，仍顽强坚守阵地，最后壮烈牺牲。战后，东纵司令部、政治部授予黄友"抗日英雄"光荣称号，将飞鹰队少年班命名为"黄友模范班"。1944 年 12 月 23 日，延安《解放日报》以"东江纵队五少年英雄以一当百光荣殉国"为题，报道了黄友少年班的英雄事迹。中共中央追认黄友为"广东人民抗日游击战斗英雄"和"中国共产党模范党员"。

凤岗革命烈士陵园

该陵园位于凤岗镇中心区东面的花果山，由革命烈士纪念碑和黄友亭组成。

烈士陵园由花果山公园改建而成，占地面积约 14 000 平方米，由凤岗镇政府投资兴建。1994 年 7 月 22 日奠基，1995 年 7 月 22 日落成。

1973 年 10 月，凤岗人民公社在花果山上首建凤岗革命烈士纪念碑；1995 年 4 月重建，耸立于山顶中央，占地面积 324 平方米。纪念碑坐东南面西北，花岗岩碑体，方尖形，碑座分两级，碑高 13.35 米，碑身立体正面刻着原广东人民抗日游击队东江纵队司令员曾生题写的"革命烈士永垂不朽"8 个大字。碑座正面铭刻凤岗镇人民政府撰写的纪念碑碑文，背面刻有 46 位烈士的英名。

在纪念碑西南面约 20 米处，矗立着为纪念在抗日战争中牺牲的凤岗籍东江纵队战斗英雄黄友而建的"黄友亭"。由凤岗镇人民政府于 1995 年建，建筑面积 17.2 平方米，占地面积 86 平方米。亭为钢筋混凝土结构，四角攒尖顶，黄色琉璃瓦，亭由 4 根钢筋水泥圆柱支撑。"黄友亭"牌匾悬于亭正面檐下，亭名由广东省原省长刘田夫亲笔所题。亭中立有黄友亭志碑，碑文由原东江纵

陵园中的雕像

队独立第三中队（飞鹰队）队长何通撰写，介绍黄友生平事迹。

1944 年 7 月 22 日凌晨，东江纵队独立第三中队在凤岗老虎山与日军 400 多人遭遇，独立第三中队少年班班长黄友率全班战士抢占制高点阻击日军，掩护中队主力转移。战斗中，黄友及 4 名小战士傅天聪、尹林、赖志强、李明壮烈牺牲。战后，延安《解放日报》以"东江纵队五少年英雄以一当百光荣殉国"的标题，报道了黄友班的英雄事迹。中共中央军委追认黄友为"广东人民抗日游击战斗英雄"和"中国共产党模范党员"。

凤岗革命烈士陵园航拍图

黄友亭

黄友是凤岗镇凤德岭人，1942 年参加东江抗日游击队。黄友牺牲后，凤德岭的乡亲们把黄友及其战友的遗体埋在老虎山下。1973 年，凤岗镇政府把黄友及其战友的骨骸移葬到花果山上。

凤岗革命烈士陵园庄重、肃穆、清幽，既体现凭吊先烈的凝重氛围，又充满南国园林的独特景色。

凤岗革命烈士纪念碑

中共东宝联合县委机关遗址（苦草洞）

该遗址位于清溪镇重河村苦草洞含头岭。

1938 年 12 月下旬，中共东宝联合县委机关从观澜白花洞（现属深圳宝安区）转移到清溪苦草洞村曾氏宗祠。1939 年元旦，中共东宝联合县委指示东莞抗日模范壮丁队、东宝惠边人民抗日游击队第一大队和各区地方党动员来的抗日武装，共约 200 人，集中到东莞县清溪苦草洞进行整训，从中挑选 120 人编成东（莞）宝（安）惠（阳）边人民抗日游击大队，王作尧任大队长，何与成任政训员。

1939 年 3 月，中共东宝联合县委在苦草洞开办党员训练班，为期一个月，学习内容有党的建设、群众运动、中国革命运动史等。党员们经过训练，提高了政治觉悟。

1939 年 4 月，中共东宝联合县委机关从苦草洞迁至东莞塘厦。

苦草洞村曾氏宗祠，建于明朝。共三间两进，面积约 100 平方米。20 世纪 90 年代初曾氏宗祠自然崩塌，现只剩下右侧间外墙的半截残墙断壁。

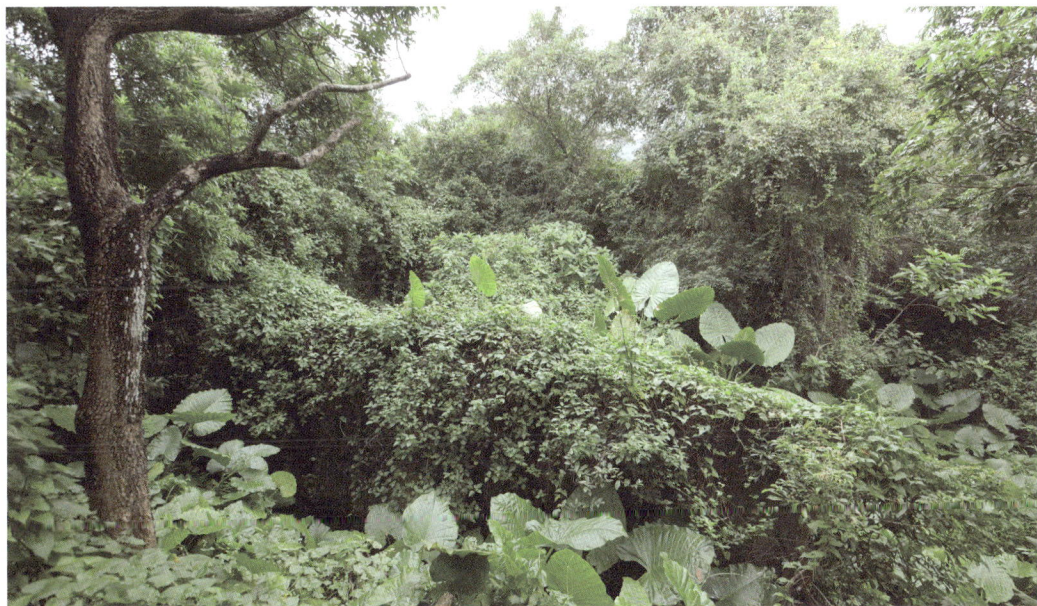

中共东宝联合县委机关遗址（苦草洞）

东宝惠边人民抗日游击大队成立遗址

该遗址位于清溪镇重河村苦草洞。

1938 年 12 月下旬，中共东宝联合县委机关从观澜白花洞（现属深圳宝安区）转移到清溪苦草洞村曾氏宗祠。1939 年元旦，中共东宝联合县委指示东莞抗日模范壮丁队、东宝惠边人民抗日游击队第一大队和各区地方党动员来的抗日武装，共约 200 人，集中到东莞县清溪苦草洞进行整训，从中挑选 120 人编成东（莞）宝（安）惠（阳）边人民抗日游击大队，王作尧任大队长，何与成任政训员。东宝惠边人民抗日游击大队经过整训后，挺进到东江河畔的桥头、石排、东坑、茶山一带开展抗日游击战争。

1939 年 4 月，为利于游击队的生存和发展，取得了国民革命军的合法番号，东宝惠边人民抗日游击大队改编为第四战区第四游击纵队直辖第二游击大队，仍由王作尧任大队长、何与成任政训员。这支部队，成为后来成立的广东人民抗日游击队的前身之一。

东宝惠边人民抗日游击大队成立遗址为两间并排的泥砖瓦房，坐北向南，现已残破。

东宝惠边人民抗日游击大队成立遗址石碑组照

东宝惠边人民抗日游击
大队成立遗址

白花沥地下交通站旧址

该旧址位于常平镇白花沥村光明一巷 32 号。

1939 年元旦组建的东宝惠边人民抗日游击队的路东游击队在队员袁财胜家设立了白花沥地下交通站，常有小批游击队在白花沥村活动。当时站长为刘厚，交通员为袁财胜。地下交通站主要工作是专门探听、收集日军情报，送交桥头、企石大帽岭等游击队指挥部，替游击队到香港购买药品等和存放物资。

白花沥地下交通站旧址
航拍图

当时在交通站的游击队员严守部队纪律，还主动帮助村民干农活。村民们还主动协助游击队员做好后勤补给，甚至开展军事行动。由于当时在白花沥村的游击队员多是惠州、河源等地的客家人，对附近的地形不是很熟悉，于是在游击队的一些军事行动中，交通员袁容稳就为游击队充当向导。有一次，游击队决定炸毁企石金交椅（地名）的一座日军炮楼，袁容稳便与 17 岁的游击队侦察员陈竹萍进行侦查，并将游击队员带到目的地。袁容稳还亲自在白花沥村后的"拗岭"小山丘埋葬两位在战斗中壮烈牺牲的游击队员。后来因为要修建引水渠道，烈士遗骨被迁往其他地方安置。

1946 年 6 月，东江纵队北撤后，地下交通站也相应停止了运作。由于长期无人居住，年久失修，加上 2008 年的强降雨形成的洪涝灾害，现在只遗留部分墙体和一间旧屋，院门倒塌。部分屋子已经拆除重建。

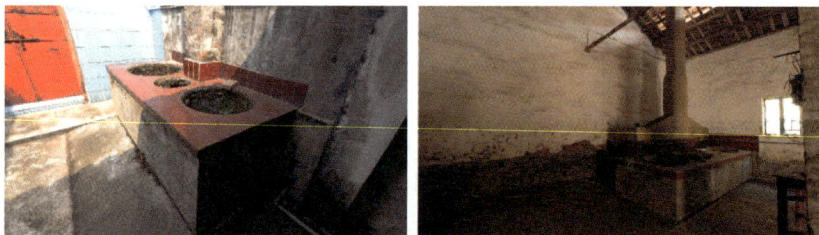

白花沥地下交通站旧址组照

中共东莞县委交通情报站旧址

该旧址位于桥头镇石水口村中和圩旧街233号。

1942年，中共东莞县委选择石水口中和圩广仁堂药材铺作为地下交通情报站。主要负责人是石水口党员莫伦、莫瑞等。县委交通情报站成立后，一些地下党员以石溪小学教师的身份来到石水口村，秘密开展情报搜集和传送活动。同时，秘密发动、组织青年入党、参军，为游击队送情报、药品和粮食，掩护抗日游击队员宣传抗日。这个时期，石水口村许多进步青年在这个交通情报站的发动下，参加地下党活动和游击队，积极投身抗日斗争。他们当中，有莫俏丽（女）、莫卓辉、莫林仔、莫黄苗、莫群森、莫础颂、莫同照、莫洪茂、莫全德、莫任庆、莫家禾、莫满头、莫满乐、莫汉森、莫金成、李休（女）等进步青年，其中有16人在战斗中牺牲。

1944年，中共石水口支部由莫瑞接任支部书记，苏守光、罗惠贤、罗桂才为支部委员。这个交通情报站作为党支部所在地，秘密开展地下党组织活动，直到1949年10月桥头解放，党支部搬出情报站，该房归属莫伦家属居住。

该旧址坐南向北，建筑面积约58.5平方米。前面是中和圩旧街，左右是旧商铺，后面是旧圩巷道。至今，铺面、门梁和砖瓦，以及当时专门为方便情报传递特制的秘密门孔设施都保持完好。

中共东莞县委交通情报站旧址

罗少彦烈士故居

罗少彦烈士故居位于桥头镇迳联社区，因年久失修倒塌。

罗少彦（1897—1934），原名罗惠祖，东莞市桥头镇迳背村人，1897 年 6 月出生。

1924 年秋，罗少彦北京大学毕业。1925 年在广西梧州培正中学任国文教员。同年 12 月加入中国共产党。1926 年，先后到梧州《民国日报》和南宁《革命之花》杂志社任编辑，秘密开展党的工作，并担任中共南宁地委书记。1927 年 5 月，被选为中共广西省委委员。同年秋，被广西反动当局逮捕。1929 年 6 月，通过党组织营救获释出狱，随后被党组织安排到张云逸任大队长的广西省警备第四大队第一营任教导员。1929 年 12 月，邓小平、张云逸在广西右江地区领导了著名的百色起义，建立了红七军。罗少彦参加了这次起义，被任命为红七军政治部宣传科长，主编《右江日报》，积极开展政治宣传工作。

罗少彦烈士故居

1930 年夏，罗少彦任红七军第四纵队政治部主任。同年 10 月，红七军从右江向江西转移，途中罗少彦改任团政治委员。1931 年 2 月，红七军到达湘赣边区发展革命武装，罗少彦留在根据地工作；同年秋，因红军内部肃反扩大化，罗少彦遭到诬陷而被捕入狱。但他一直坚信党，没有动摇对革命的坚定信念，表现出了一个共产党员对党对人民无限忠诚的崇高品德。1934 年，身经百战、久经考验的罗少彦病逝于狱中。

在 1945 年召开的中国共产党第七次全国代表大会上，罗少彦被追认为革命烈士。

桥头革命烈士纪念碑

该纪念碑位于桥头镇莲城社区光明路鸡心岭。

为了纪念在抗日战争和全国解放战争时期在桥头牺牲的 13 位革命烈士，1963 年 4 月，桥头公社在鸡心岭西北面修建革命烈士纪念碑。

桥头革命烈士纪念碑

革命烈士名录

　　1995 年和 2000 年，桥头镇政府对革命烈士墓进行了两次修复。重修后的烈士墓占地面积700余平方米。纪念碑坐东南向西北,碑边长5米,高3.4米,占地 25 平方米，采用花岗石砌成，上刻"革命烈士纪念碑" 7 个大字。墓身全部用黑色大理石镶贴，石上雕刻 13 名烈士性别、年龄、籍贯、职务、牺牲时间和地点。这13 位烈士是：邱剑洪、邓生、尹汝森、尹创志、蔡辉、黄六成、李汝平、李光、罗珠、罗月佳、罗灿、莫润贵、钟景布。墓地四周用方形条石围砌，墓园用麻石铺设，周围树木郁葱。

横沥镇红色教育基地

横沥镇红色教育基地

该基地位于横沥镇田饶步村先烈路 1 号。

东江纵队是中国共产党领导下活动在惠（州）东（莞）宝（安）及港九地区的抗日队伍。抗日战争时期，他们深入横沥地区，袭击日军，威震敌胆，扬我国威、军威。为了救亡图存，横沥地区至少有 24 名热血青年（石涌 1 名、隔坑 3 名、田饶步 3 名，六甲 3 名、水边 2 名、新四 1 名、山厦 4 名、张坑 4 名、横沥 3 名）参加游击队。其中黄球、刘财旺、梁金寿、吴培旺、邓荣基、邓润球 6 人血洒疆场，为保家卫国献出了宝贵的生命。（摘自《横沥镇志》）

根据上级关于保护和利用红色教育资源的要求，横沥镇委镇政府于 2018 年 8 月启动升级改造，建设红色教育展馆，提升周边环境，增设主题雕塑，增加停车配套设施。展览馆占地 350 平方米，宣誓浮雕背景墙长 16 米，停车场占地 1 000 平方米，总占地面积约 3 000 平方米。

横沥镇红色教育基地依托田饶步革命烈士纪念碑，以党的建设、革命教育为内容，打造"不忘初心、牢记使命"主题教育平台，于 2019 年 6 月 26 日揭牌并对外免费开放使用。

横沥镇红色教育基地内部组照

谢阳光故居

谢阳光故居位于东坑镇井美村围中心四横巷 40 号。

谢阳光（1917—1982），原名谢煦祥，东莞东坑人，出生在东莞县东坑井美村宝兴街一户富豪之家，他却和穷人一道闹革命。1934 年 8 月在上海参加中国共产主义青年团，任上海法明区团支部书记。后因组织遭到破坏，奉命转移回东莞，与中共南方临时工作委员会取得联系。1936 年 8 月加入中国共产党。1936 年 10 月任中共东莞莞城文化支部书记。1937 年 4 月任中共东莞县工作委员会书记；10 月任中共东莞中心支部委员。同年底，与赵学、李任之、陈和兴四人同往延安，后到抗日军政大学学习。

1938 年底，从延安回到广东，参加东江地区的抗日武装斗争。历任中共东宝联合县委武装部长、中共东莞县委武装部长、广东人民抗日游击队第三大队第三中队（重机枪中队）中队长、东江纵队铁东大队大队长、第一支队三龙大队大队长、第四支队副支队长、第六支队支队长兼东纵东进指挥部第四团副团长等职。参加开辟大岭山抗日根据地、路东和东莞水乡抗日游击区、罗浮山抗日根据地等一系列战斗，为创建东江抗日根据地作出了贡献。

东江纵队北撤山东后，先后任华东野战军第三纵队第九师二十五团副团长、中国人民解放军两广纵队教导团团长等职，参加豫东、济南、淮海战役。1949 年秋随军南下参加解放广东战役。

谢阳光故居航拍图

谢阳光故居（1）

中华人民共和国成立后，历任中央军委情报总署翻译室主任、中共中央华南分局组织部处长、广州重型机器厂厂长、中共中央中南局科委工业局长、广东省机械厅副厅长等职。1982年1月在广州逝世。

谢阳光故居是两间并排的砖瓦房，朝向是坐北向南，前方是一小块空地，种有蔬菜瓜果，其余三面是民居，无人居住。前方200米是井美村委会，左前方400米是东坑镇多凤小学，左侧150米是井美会堂。谢阳光故居自1942年就无人居住，偶有亲戚为其打理，之后就一直荒废至今。

谢阳光故居（2）

击毙日军大佐战场遗址

该遗址位于企石镇上洞村新围自然村与大墩圩交界处的沥口河段。

1945 年 2 月 26 日，日军第 55 航空师团军用第 7 号飞机，从柬埔寨金边飞往日本，途经东莞上空时，因故障于当天晚上 8 时许迫降于东莞桥头附近的潼湖山尾头，机上有日军 11 人。当晚 3 人走向樟木头日军驻地求救，余下 8 人于次日早上先劫持一艘小渔船沿潼湖的石马河欲经桥头、企石出东江逃往石龙据点。船行至建塘口，又改劫一艘稍大的运输船继续逃走。东江纵队接报后，派出张苞小队、黄球小队 10 多名队员沿江追击，日军凭借机关枪不断还击。船进入企石上洞村大墩圩附近的一条河涌时，当地清湖、上洞村民潘成贵、姚旭祥等 80 多人携步枪、土枪、棍棒主动加入战斗。激战至中午，东莞军民终于将船上日军全歼。

此战，击毙日军陆军大佐安田利喜雄等 8 人，缴获机枪 2 挺、短枪 2 支、长剑 3 把、电讯器材和重要文件一批。日军空军将领认为这是发动华南战事以来少有的损失。在这次战斗中，东江纵队第二支队小队长黄球牺牲。

当年的大墩圩沥口河段上游稍窄，下游弯曲较宽，名为"蛾眉月"。如今两岸筑成乡村道路，弯曲的河涌及沥口地段已被填平。

击毙日军大佐战场遗址

维高公祠——东江纵队铁东大队宿营地遗址

该遗址位于石排镇下沙村下沙小组。

下沙村在解放前称沙宝里。1940 年下半年，中共地下党以沙宝里学校为据点，逐步建立起了党的地下组织。地下党员以教师身份作掩护，做秘密情报工作，积极宣传抗日，动员群众参加东江游击队。

由于有了地下党组织的接应，东江纵队也将下沙作为宿营休整的基地。1944 年 2 月，东江纵队铁东大队成立后，经常在沙宝里维高公祠宿营，每次有 100 多名队员，在祠堂里打地铺。沙宝里离横沥很近，附近有日军炮楼，经常用望远镜巡查抗日游击队动向。但沙宝里村前的几棵大榕树挡住了日军视线。游击队员在维高公祠宿营时，都关上大门。公祠有一个侧门，侧门外是一条小巷，队员们就在日军的眼皮底下，从公祠侧门出入活动，打击日军。

维高公祠——东江纵队铁东大队宿营地遗址航拍图

维高公祠——东江纵队铁东大队宿营地遗址组照

第二篇

红色革命遗址重要线索

（26处）

中共东莞县委交通情报站遗址

该遗址位于莞城街道葵衣街 23 号（原门牌号为 12 号）。

遗址面积约为 54 平方米，两进深，为砖瓦结构平房。原屋主为尹七嫂，她有两个儿子在抗日战争时期参加广东人民抗日游击队东江纵队。1940 年五六月间，中共东莞县委在这里建立县委交通情报站。1940 年底，中共东莞县委派王河到莞城负责交通情报工作，任交通情报站站长。县委交通情报站在莞城东正路十九巷 34 号设立交通情报分站。在莞城设立的交通情报点有豉油街、文兴街、振华路、城内彭屋大街、博厦十佛庵共五处。交通情报站的主要任务：搜集日伪军的军事情报；接送县委的来往人员、信件和物资。

该遗址已改建为二层楼房，第一层为商铺。

中共东莞县委交通情报站遗址

卢焕光故居

卢焕光故居位于莞城街道千祥街8号。

卢焕光（1923—1958），1938年10月参加东莞抗日模范壮丁队。1939年1月被派往河源，在国民党第12集团军独立第20旅第3团政工队任队员、代理指导员，做军运和统战工作。1941年1月回到东莞当小学教师。同年3月加入中国共产党。1942年2月派往东莞陈村教书，任中共支部书记。1943年6月调往中共东江前线特委任交通员，1945年7月调任中共东莞水乡区委书记。1946年7月至1948年3月，任中共东宝县副指导员。1948年4月至1949年8月，历任中共东宝县委水乡区委书记、县委宣传部部长、县委组织部部长、县委副书记。1949年9月，任中共东莞县委书记；同年10月17日东莞解放，兼任东莞县军事管制委员会副主任。1949年12月至1950年2月，任中共东莞县委常委兼组织部部长。1952年4月调任中共东莞县第七区（清溪区）区委委员。1952年12月调离东莞到龙门县工作，历任龙门县第一区区委书记、龙门县供销合作社代主任、龙门县委生产办公室代主任、中共龙门县委合作部副部长、龙门县农业局局长。1958年被错划为右派，被开除党籍、公职，同年9月自杀身亡。1979年3月9日得到平反，恢复党籍和政治名誉。

卢焕光故居遗址

周恩来东征演讲遗址

　　该遗址位于莞城街道阮涌尾，原建筑建于 1854 年（清咸丰四年），是当时县令华廷杰和乡绅为吊祭与天地会起义军作战死去的乡勇卢灿琼等 130 人而建之祠。1910 年（宣统二年），莞城商人叶永昌、张嘉言等在此处成立东莞商务分会。

　　1925 年 2 月，广东革命政府进行第一次东征。2 月 5 日，黄埔军校本部行营移驻东莞县政府。2 月 6 日，东莞商务分会在此召开欢迎革命军大会。黄埔军校政治部主任周恩来等人应邀出席。周恩来在会上发表演说，阐明了此次东征的意义和目的："此次军校出发，是为人民解除痛苦而来。但全恃本校军队，力量太少，若无人民援助，仍不足负重大责任，故本校极希望东莞人民通力合作，以促革命成功。"周恩来的演说博得了与会者的热烈掌声。当晚，在莞城举行市民联欢大会，有 2 000 多人参加，周恩来再次发表演说。周恩来领导东征军政治部卓有成效的政治、宣传工作，使东莞群众逐步了解东征军、支持东征军。东征军所到之处，都得到了民众的欢迎与拥护。

　　东莞解放后，此祠为莞城卫生院门诊部，20 世纪末改建成楼房。

周恩来东征演讲遗址

中共东莞二线县委机关遗址

该遗址位于东城街道温塘社区皂二村南元巷。

1942 年 5 月，中共粤北省委被破坏。根据形势的需要，东（莞）宝（安）前线地区于 1942 年 7 月成立中共东（莞）宝（安）临时工作委员会，书记黄宇，组织部部长王士钊，宣传部部长刘汝琛，领导东江敌后前线的东莞、宝安、增城等地党组织，机关设在东莞林村。为了准备坚持长期斗争，东宝临工委决定把党组织分为一线、二线，一线负责支援部队，二线负责秘密斗争。根据东莞地区辽阔，各地政治条件不同的情况，东宝临工委又决定将东莞县一线党组织划分为前线和后方两个县委。同年 7 月，中共东莞一线后方县委在东坑卢动家成立，辖东莞广九铁路两侧地区，书记莫福生，组织部部长姚山，宣传部部长卢动。中共东莞二线县委也于 1942 年 7 月成立，机关则设在温塘，下辖太平、厚街、常平、水乡、清溪五个区，有党员 100 多人。县委书记陈铭炎，副书记王文魁，组织部部长刘志远。1943 年 4 月，东莞一、二线县委撤销。

中共东莞二线县委机关遗址

古道故居遗址

该遗址位于万江街道共联社区古屋邨一巷 20 号。

古道,又名锦榕,1919 年生于万江共联村。1937 年在东莞中学读高中时,常与罗尧等同学到农村宣传抗日,组建进步学生组织,出版进步刊物《熔炉》,积极投身抗日救亡活动。1938 年加入中国共产党。在参加全省高中毕业班集训期间,加入"学生集训总队抗先队"。1940 年夏,帮助东莞国民党县政府到寮步横坑发放抗击入侵日军死难烈士抚恤金,宣传中共坚持抗日的方针,激发当地群众抗日救国的斗志。

1941 年夏至 1942 年 11 月,先后担任中共水乡区委宣传委员和东莞一线前线县委组织部部长。以教书为掩护,开展水乡抗日工作。1943 年 3 月调到山区,在清溪谢坑以教师身份作掩护,领导清溪一带的地下党工作。当东莞出现大饥荒时,组织当地抗日群众团体,大力开展生产自救,实行"二五"减租,动员当地豪绅捐钱捐粮,并率领游击小队和民兵,伏击上山砍运木材的日军,破坏公路、桥梁,袭击日军碉楼,使日军不敢轻易到山区砍伐树木,从而帮助山区人民度过了灾荒,还把生产得来的钱购买一批枪支支援抗日游击队。

1945 年 4 月任中共路西县委组织部部长;7 月调任广东人民抗日游击队东江纵队第一支队政治委员兼中共路西县委书记;8 月率领两个大队在宝(安)太(平)公路干线摧毁拒绝投降的几个伪军据点。

古道故居遗址

　　1945 年 12 月，国民党军队大举进攻东莞解放区，古道率领部队突围时被俘。翌年 1 月 31 日，在押解广州途中跳火车壮烈牺牲。

　　古道故居原是三间泥砖瓦房屋并排，坐西向东，房屋门前一片农田和河涌。故居一直由其父母居住，其父母去世后，房屋由其弟保管使用。1980 年其弟拆除旧居北面，重建青砖屋 75 平方米；1995 年拆除旧居的南面，新建红砖屋 160 平方米，先后重建 3 次。目前故居的一部分已成一块空地，杂草丛生，其后人于 1997 年用红砖砌墙围住。

温焯华故居遗址

　　该遗址位于南城街道新基社区塘坊。

　　温焯华，原名张寿南，曾用名张仁，1914 年 8 月出生于此地，父亲以卖肉为生。1935 年加入了党的秘密外围组织"中国青年同盟"，积极组织和发动学生开展抗日救亡运动。1936 年加入中国共产党。

温焯华故居遗址

1940 年奉调南路地区工作，在南路坚持艰苦斗争近 10 年，先后任中共南路特委委员、组织部部长，中共粤桂边地委书记，中共雷州地委书记，中共粤桂边区党委委员、宣传部部长，中国人民解放军粤桂边纵队政治部主任。中华人民共和国成立后，他先后在党的理论、宣传、出版、教育等岗位上工作，继续保持和发扬革命战争年代的优良传统和作风。1991 年 6 月在广州病逝，享年 77 岁。

温焯华故居坐东向西，是一间建筑占地面积 24.15 平方米泥砖瓦房，后面是路（原来是一条涌，后覆盖为路），其余三面是民居，屋前 9 米有一个新型的悠闲小公园，屋后 16 米有个综合市场。由于此房屋面积太小，在温焯华出生后不久，全家就搬迁到新基社区另一处面积较宽敞的房屋居住，从此房屋就空置。

20 世纪 50 年代由于几姐弟工作需要全部外迁，父母也随迁到广州生活。父母相继去世后，故居无人打理，年久失修，残旧不堪。其后，女婿李达荣购买了该房隔壁搭墙的房屋（面积约 24 平方米），于 2017 年 4 月 26 日重新一起拆旧建新，2017 年 12 月建成目前占地面积约 46 平方米、总建筑面积 141 平方米、楼高 3 层的楼房。因此故居遗址已灭失。

低涌战斗遗址

该遗址位于高埗镇低涌中学校园内。

低涌战斗遗址

1944年9月19日，谢阳光、何清率领东江纵队三龙大队开进水乡低涌，开辟水乡抗日游击根据地。大队部率领第一中队和短枪队及宣传队驻低涌，第二中队驻凌屋村。三龙大队到达低涌的第二天，驻高埗、道滘的地方反动武装刘发如部500多人，从高埗乘船向低涌杀来，企图消灭刚进驻低涌的游击队。低涌的游击队和群众在头墟（现低涌中学校园内广场）截击来敌，毙伤敌人20多人，缴步枪7支，取得战斗胜利。

低涌战斗遗址原在低涌头墟的坟地。1960年在此地建低涌中学，原来的战斗遗址成为低涌中学舞台和广场。低涌中学舞台高大，广场宽阔，周围绿树成荫，旁边有高埗革命烈士纪念碑，庄严肃穆。如今此地成为低涌村开展爱国主义教育的场所之一。

李本立故居

李本立故居位于洪梅镇黎洲角村河东一巷73号。

李本立故居

　　李本立（1905—1933），1905 年生于洪梅黎角洲村。李本立的父亲李仲台是清末秀才，后在东莞中学当国文教员。李本立从小随父迁居莞城明经巷（今莞城西正路六巷），就读县立第一高等小学。1919 年五四运动爆发，在爱国潮流的影响下，李本立手持"勿忘国耻"的三角旗，参加了由东莞县立中学和县立第一高等小学联合举行的示威游行。1923 年考入东莞中学。其间，为探讨救国救民道理，他经常和一些志趣相投的同学读《向导》等进步书刊。1924 年秋，李本立在莞城发起成立新学生社东莞分社，并任负责人。在共产党员莫萃华的引导和介绍下，他于同年冬先后加入社会主义青年团和共产党，并成为社会主义青年团东莞特别支部成员。

　　1926 年 3 月，李本立参加共青团广东区委举办的短期训练班，回莞后筹建共青团东莞地方执行委员会。同年 4 月 12 日，共青团东莞地方执行委员会成立，李本立任书记。同年 6 月，中共东莞特别支部改为中共东莞地方执行委员会，李本立任书记。1927 年 4 月，蒋介石叛变革命，广东国民党反动派在广州进行反革命大屠杀，并密电东莞县府逮捕共产党和工会、农会干部。4 月 24 日，东莞国民党反动军警搜查中共东莞地委机关，并悬赏通缉李本立。他迅速布置党员转入隐蔽活动，并撤离莞城，保护了部分革命力量。随后，他辗转香港、北平等地继续从事党的地下工作，多次在公共汽车散发传单，屡遭国民党军警追捕。由于积劳成疾，患了肺病。1933 年肺病复发，病逝于莞城南芬园家中，年仅 28 岁。

　　李本立故居原是一间直头泥砖瓦房，朝向是坐东向西，四面都是民居，右边为小巷，前后为横巷。1982 年，因残旧不堪被拆除。

王鲁明故居

　　王鲁明故居位于厚街镇厚街村大塘小组 2 巷 17 号。

　　王鲁明（1915—2003），原名王寿祺，1915 年生于厚街大塘村。1935 年夏在东莞中学读书时，加入中国青年同盟，当选为东莞中学学生自治会主席。同年冬，发动全校学生响应和支援北平"一二·九"爱国学生运动，并成立东莞中学学生救国会，当选为主席。

王鲁明故居航拍图

1936 年 10 月加入中国共产党。年底因东莞中学学生张贴拥护西安事变的传单，被东莞国民党县政府拘捕并被学校当局开除。1937 年春任中共东莞县工委委员。1938 年 4 月任中共东莞中心县委委员，兼水乡区第一任书记（未到职），后参加广东省委干部训练班学习。同年 10 月参加东莞抗日模范壮丁队。1939 年春任中共东宝联合县委宣传部部长。1940 年 1 月任中共惠阳中心县委宣传部部长；8 月任中共惠阳县委宣传部部长。1942 年夏任中共惠阳县中部地区特派员。1944 年至 1945 年在中共广东省临时工委、广东区委任干事。

1946 年至 1947 年调香港地下组织从事党务工作。1948 年 4 月任中共江南地委书记及广东人民解放军江南支队政治委员。1949 年任中国人民解放军粤赣湘边纵队东江第一支队政治委员。

中华人民共和国成立初期，任中共东江地委副书记兼组织部部长。1953 年调粤东区党委，先后任城工部副部长、工业部部长、区党委副书记等职。

1956 年调外交部工作，先后任外交部机关党委书记，驻罗马尼亚大使馆、阿尔巴尼亚大使馆政务参赞，驻瑞典王国大使馆特命全权大使等。回国后，在国际问题研究所工作。1980 年任国务院港澳办公室副主任。1983 年任国务院港澳办公室顾问。2003 年在北京逝世。

故居已于 1987 年被拆除。

王鲁明故居内部

中共厚街支部旧址

该旧址位于厚街镇西元路 51 号（即现在觉迟公祠）。

中共厚街支部旧址

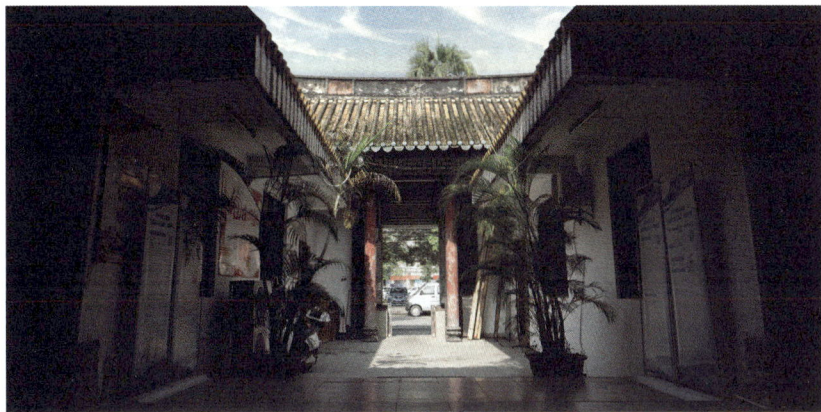

中共厚街支部旧址内部

觉迟公祠始建于清嘉庆年间，原为三间三进四廊合院式布局，现存前两进。

1936 年 8 月，厚街村王启光到广州加入中国共产党后，回到厚街村发展党员，壮大党的组织支部成员，以中青年成员为基础，在进步青年中发展党员。当时厚街有知识的进步青年较多，很快发展了王耀昆、王冠勋、王河为中共党员，于 1936 年 12 月间在厚街觉迟公祠成立中共厚街支部，王耀昆为支部书记。接着，王启光又在鳌溪小学吸收王炽光、王治光、王锦屏等人加入中国共产党，成立厚街鳌溪党小组。中共厚街支部的成立，有力地促进了抗日救亡运动的进一步发展，许多有志青年加入了抗日队伍，后来在王作尧的领导下，厚街村成为东江纵队的一个地下联络据点，为抗日战争作出了巨大贡献。

如今厚街社区信访维稳站在此办公。

中共厚街支部旧址组照

爱兰祖祠堂——厦岗农会惨案遗址

　　该遗址位于长安镇厦岗社区盘福北街三巷18号对面,因年久失修成危房,于2007年被拆除。

　　1925年4月22日,厦岗农民协会成立。当晚,该乡地主恶霸麦廷阶与其子麦平勾结驻虎门的桂系军阀刘震寰一部,指挥其控制的民团,悍然包围厦岗,攻入农民协会会址爱兰祖祠堂,杀害农民协会干部麦福绍、麦锡南、麦耀堂3人。东莞县农民协会执行委员长蔡如平立即派遣农民自卫军,配合驻大岭山大塘的黄埔军校学生军,迅速前往救援,将桂军和民团逐出厦岗。为了对付太平莲溪局民团,东莞农民协会以拥有100多人的北栅农民自卫军为主力,成立虎门农民自卫军团,以北栅农民协会执行委员长陈桂为负责人,形成与民团对峙局面。1925年冬,厦岗农民协会恢复活动,麦定唐任执行委员会委员长,麦德堂任副委员长。

　　1926年7月17日,麦廷阶父子纠集民团、土匪百余人围攻厦岗。18日,陈桂率领农民自卫军前往救援,将民团、土匪击退。20日上午,麦廷阶再次率民团、土匪进犯厦岗,并纵火焚掠,遭到农民自卫军的反击。28日,麦廷阶第三次纠集民团、土匪数百人,携带火炮攻陷厦岗,10余名农民被打死打伤,数十间房屋被焚毁,近千名农民群众无家可归。这一事件,在广东农民运动史上称为"厦岗农会惨案"。

爱兰祖祠堂——厦岗农会惨案遗址

蔡如平故居遗址

该遗址位于长安镇霄边社区正大街南社五巷 3 号。

该建筑始建于清末，后被国民党烧毁，1974 年在原址上重建，为一座二层楼房和单间两进建筑围成的小院。

蔡如平（1888−1948），原名祖荫，字锡蕃，号葛民，1888 年生于长安霄边村。1923 年到广州当工人。1924 年初被委任为国民党中央农民部特派员。回乡开展农民运动。1924 年秋由社会主义青年团员转为中共党员，成为东莞第一批共产党员之一。

1925 年 5 月任东莞县农民协会执行委员长，1926 年 1 月任中共广东区委农委委员，分管珠江三角洲一带的农运工作。同年 5 月被选为广东省第二届农民协会常务委员。同年冬任中共北江地委委员兼广东省农民协会北江办事处主任。

1927 年 4 月 12 日，蒋介石在上海发动反革命政变，广东各地共产党组织遭到破坏，许多共产党员和革命群众遭到杀害。同年秋，蔡如平返回东莞，重组中共东莞县委，任县委书记，他迅速整顿组织，恢复活动，建立工农武装，反抗国民党反动派的大屠杀。10 月当选为中共广东省委候补委员。11 月任东宝工农革命军总指挥部总指挥，策划武装暴动。1928 年冬由党组织安排转移到香港。

蔡如平故居遗址航拍图

1941 年 12 月 12 日香港沦陷后，蔡如平回乡组织青年抗日大同盟，配合游击队打击日本侵略者。1943 年 6 月当选为民主政权霄边乡乡长；1944 年夏担任民主政权东宝行政督导处东莞县新五区区长；翌年 4 月任东（莞）宝（安）农会主席。

1946 年初在香港治病期间，组织召开惠东宝人民反对内战大会，声讨国民党反动派发动内战的罪行，并为帮助香港青年回内地参加解放事业做了大量工作。1948 年秋逝世。1957 年被东莞县人民政府追认为革命烈士。

蔡如平故居遗址组照

麦定唐故居遗址

该遗址位于长安镇厦岗社区盘福西街三巷 30 号西侧。

麦定唐（1907—1984），东莞长安厦岗村人。在家乡度过青少年时代，大革命时期，曾任厦岗乡农民协会会长。26 岁时毕业于广州燕塘军校，后参加国民革命军第十九路军，随军在前线抗日。

1938 年 11 月 20 日，东莞沦陷后，麦定唐任伪东莞县保安警察大队大队长。后在中共地下党的争取、教育下，1945 年 2 月 25 日率伪县保警大队起义，被编为东江纵队第一支队新生大队，任大队长，重新投入抗日战争行列。解放战争时期，他历任民主联军东宝支队负责人、中国人民解放军粤赣湘边纵队东江第一支队第三团副团长、团长等职。1949 年 3 月加入中国共产党。率领第三团在东（莞）宝（安）地区开展艰苦的游击战争，配合南下野战军解放东（莞）宝（安）地区。

东莞解放后，麦定唐任东莞县军事管制委员会副主任。1950 年 4 月转业后，历任南海县人民政府建设科科长、粤中地区食品公司副经理、广东省参事室参事、广东省政协委员等职。1983 年 11 月离休，1984 年 7 月逝世。

　　该故居建于 20 世纪初，50 年代初麦定唐一家都在广州或者东莞居住。在 60—70 年代，因年久失修，成为危房被拆，目前故居因为城市更新，已经不存。

麦定唐故居遗址

钟达明故居遗址

　　该遗址位于寮步镇横坑村松元 478 和 612 号。

钟达明故居遗址组照

钟达明（1917—1989），东莞市寮步镇横坑村人。1935 年在广州中山大学读书，正值北平学生发起"一二·九"抗日救亡运动，钟达明加入声援爱国运动的队伍。其后又积极参加青年群社、文化界救亡服务团等抗日救亡群众团体的活动，成为学生运动的骨干。由于国民党反动派敌视，于 1936 年 7 月被捕入狱。直到 1937 年初国共两党结成抗日民族统一战线后，才得以获释。

1938 年 3 月加入中国共产党。后任中共广州市委青年部指导员及市委组织部干事、广宁县委组织部部长、广宁县委书记。

1939 年 6 月至 1943 年 10 月，调到粤西北连县、阳山等地开展工作，任乡、镇党组织负责人及连县党的特派员，并任北迁连县避难的中山大学文理学院党组织负责人。1944 年 2 月至 1946 年 6 月，任广东人民抗日游击队东江纵队广州地下党负责人。

全国解放战争时期，任中共增（城）龙（门）县委书记、中国人民解放军粤赣湘边纵队东江第三支队第二团政治委员等职。

中华人民共和国成立后，历任中共龙门县委书记，广东省交通厅公路局副局长，广东省公路管理局副局长、局长等职。1989 年逝世。

该房屋在土改时，因钟达明父亲是地主成分，此屋分给本村贫农钟万安、钟计成两兄弟居住。由于故居建成时间长久，年久失修，瓦片容易坠落，屋顶的梁被白蚁蛀蚀，岁月变迁，已变成危房。2016 年 12 月房子已经拆除重建，现在的屋主是钟秀玲和钟柱荣。

广东人民抗日游击队第三大队大塘地下交通站遗址

该遗址位于大岭山镇大塘村大围。

广东人民抗日游击队第三大队大塘地下交通站遗址组照

广东人民抗日游击队第三大队大塘地下交通站遗址

　　1941 年初，广东人民抗日游击队第三大队在此设立地下交通站，安排中共地下党员徐幽明到大塘小学，以教书为掩护，负责情报联络工作。同年春，被誉为"东江游击队之母"的香港女同胞李淑桓带着仅有 11 岁的小儿子郭显隆从香港来到东莞大岭山游击区，由党组织安排到大塘小学，接替地下党员徐幽明的工作，继续为游击队搜集和传递情报。

　　李淑桓利用小学教师身份主动参加乡里召开的各种会议，又抽空去拜会大岭山当地的上层人物，向学生家长做家访。这样，她不但了解了乡里的社情，也从中得到了附近敌人的活动情况。1941 年 9 月中旬，她从家访中得知顽军 9 月 21 日（农历八月初一）将要来大塘村收粮，立即写成情报，交由秘密交通员黎玉堂（小学生）送往牛牯岭的广东人民抗日游击队第三大队的交通站。游击队接到情报后伏击顽军，取得战斗胜利。

　　1941 年 10 月，李淑桓在金桔村被国民党顽军杀害。她生前曾将七个子女送上抗日前线，其中四个子女为国捐躯。她的英雄事迹传遍了东江地区。

　　广东人民抗日游击队第三大队大塘地下交通站遗址于 1966 年被拆除。

江南青年公学第二分校遗址

该遗址位于大岭山镇大环村大环路六巷 10 号。

1949 年 6 月，全国解放战争形势大好，解放军已渡过长江，直迫华南，广东解放在即。为迎接东莞解放，需培养一支入城的工作队伍（接管城市的工作队），中共东（莞）宝（安）县委于 1949 年 7 月在大岭山解放区成立江南青年公学第二分校，黄永光任校长，张斌（陈华）、王广（方东）任副校长。于同年 8 月开学，学员 58 人，大部分来自虎门和莞城地区，部分来自广州和香港。校址设在村民吴统家中，是一所三间二廊的客家民房；有时还在本村吴氏家祠讲课。

江南青年公学第二分校遗址

授课以集中上大课，课后个人看学习资料、分组讨论、出墙报、谈学习心得等形式进行。

授课内容包括：黄永光作《目前形势和我们的任务》和《东莞地区三年内战的形势》的报告，祁烽作《关于知识分子的改造问题》和《关于接管县城的几个问题》的报告，并印发《中国人民解放军约法八章》《中国革命与中国共产党》《新民主主义论》和中国人民解放军粤赣湘边纵队东江一支三团政治处编印的《入城手册》等学习资料。

1949 年 9 月底，解放军已南下广东，东莞解放在即。江南青年公学第二分校于 1949 年 9 月 25 日提前结业。结业典礼上，祁烽向全体学员作《关于接管城市的政策》的报告，张如作《关于入城守则及部门分工职责》的报告，向学员颁发了油印的毕业证书。1949 年 10 月 17 日，莞城解放，学员被分配到各部门各战线工作。

1999 年，江南青年公学第二分校原址被拆除，改建成两栋二层半的楼房。

葵衣队战斗遗址

该遗址位于大岭山镇大沙村。

1940 年 6 月 18 日上午，一队日军约四五十人，冒雨从莞城经连平圩方向直窜大沙圩。中共大岭山区委组建的大沙联防自卫队关闭大沙圩围门，并在围墙内向敌人射击。日军闻枪声即组织进攻，妄图冲入圩内。大沙联防自卫队骨干、共产党员殷天赐一面指挥队员抗击，一面打鼓传讯。鼓声传到了洪圣公约"十约会"的联防村庄，10 多分钟内，"十约会"的联防自卫队员穿着葵衣（蓑衣），从四面八方纷纷赶来，包围了日军。

四周群山响起枪声，日军一时懵了头，见势不妙，退到桥头山顽抗。联防自卫队第一次与日军交锋，见敌人退却，士气大振，追到桥头山。日军在大雨中看见漫山遍野荷枪实弹的"葵衣人"，摸不清底细，慌忙向连平方向逃窜。葵衣队以密集火力向日军射击，并紧追不舍，一直追到杨家陂。由于天下大雨，山洪暴发，杨家陂水势汹涌，日军处于前无去路后有追兵的境地，只好强行涉水逃命。10 多名日军被洪水冲走，其余的仓皇溃逃。

　　大沙联防自卫队队员殷九奴追上逃在后面的一名日军，在洪水激流中抢夺敌人的步枪，开枪把敌人打死。龙山村联防自卫队队员殷松喜把一名日军推入河中，缴了敌人的步枪，紧接着想消灭另一名日军，不幸中弹牺牲。大片美联防队队员叶麟祥，把一名日军机枪副射手扭到河里，将其灌水溺昏，顺手抽出日军的刺刀把敌人刺死。战后，联防自卫队在河里捞到两支日军遗下的步枪。大岭山的抗日联防自卫队第一次与日军交锋取得胜利，鼓舞了当地群众的抗日情绪。

　　葵衣队战斗遗址现已变为民居、厂房、公路。

葵衣队战斗遗址

杨屋白坭田战斗遗址

该遗址位于大岭山镇杨屋村白坭田（土名）一带。

1940 年农历十一月五日早上，一支 70 余人的日军队伍从长安宵边沿莲花山下小路向杨屋方向闯来。杨屋官陂青年何伟财发现敌情后，以擂鼓为号，迅速通知杨屋、颜屋两村村民和民兵，做好战斗准备。杨屋和颜屋村民、民兵纷纷拿起大刀、长矛、土枪、土炮，趁日军立足未稳，凭着对地形的熟悉，迅速占据有利位置，从东、西、北三面向日军开火，打得日军摸不着头脑，纷纷向东南崖坑撤退。但未走几步，被东线官陂村民和民兵击退下来。日军转而向西面退却，但同样受到西线鱼岭、颜屋的村民和民兵的强力阻击。狼狈的日军只好向南撤退，企图沿白坭田向长安逃走。日军最先退到龙洞坑，占据有利地形，集中火力向民兵扫射。民兵的土枪土炮敌不过日军的洋枪洋炮，只好撤到香炉坑山坡上，与日军形成对峙。这次战斗坚持到傍晚，200 多名日军从太平方向赶来援救，在红岽山上架起机枪向民兵扫射，又在红樱山架起迫击炮向杨屋大围轰炸，民兵被迫撤出战斗。随后，日军又进村放火烧房屋。在这次白坭田战斗中，杨屋村民击毙日军 1 人，村民死伤 5 人，这场战斗成为大岭山人民英勇抗日的历史见证。

在工业发展中，该旧址已建成了商住小区和道路、工业厂房。

杨屋白坭田战斗遗址

竹山战斗遗址

该遗址位于大朗镇竹山社区敦煌岭。

1945 年 5 月 9 日，盘踞在寮步的日军一个中队 100 多人沿莞樟公路进犯大朗，企图抢粮。当日军行进到黎贝岭、竹山附近莞樟路段时，东江纵队第一支队猛豹大队在大队长沈标和政治委员李少清的指挥下，根据地形地貌，在竹山敦煌岭上伏击敌人。猛豹大队把日军四面包围，猛烈冲锋，将敌打垮。

日军狼狈逃走，进入竹山的一部被压在水田里及山脚下。此战，猛豹大队政治委员李少清等 8 人牺牲，大队长沈标等 10 人负伤，打死打伤日军 35 人。当天下午 5 时，驻松柏朗村的猛豹大队和村民在该村为李少清等抗日烈士举行隆重葬礼。

1983 年 12 月 2 日，松柏朗村在大朗区公所的支持下，在松柏朗村鬼王肚山岭上，将葬有烈士骸骨的灵塔屋改建成现存的松柏朗革命烈士纪念碑。

因城市发展，竹山战斗遗址面貌已完全改变。

竹山战斗遗址航拍图

敦睦书院——大井头村农民协会遗址

该遗址位于大朗镇大井头社区富贵路 60、62、64 号。

1925 年春，彭湃和蔡如平、莫萃华多次到大朗进行革命活动，发动农民组织起来闹革命。1926 年，叶汉廷和大井头村民叶炳元、叶讯舟、叶敬之、叶汪仁、叶泽卿等人在大井头村敦睦书院成立农会，发动了 200 多名农民参加农民协会，并选出叶杨满、叶炳元、叶闰桃为会长。

在蔡如平和叶汉廷带领下，农会协会会员在大井头村三界庙焚香燃烛，掷青碗为誓。这是大朗地区最早的农会组织，同年组织农民自卫军，积极开展活动。积极推销生产建设公债，发放家贷，指导生产；开展减租减息运动，这是减轻农民负担、改善农民生活、提高农民政治觉悟的重要工作。

20 世纪 60 年代初，敦睦书院——大井头村农民协会遗址年久失修，残旧不堪，此后这里再无人使用。改革开放后大井头大队为促进商贸市场繁荣，对大井头村建设全面规划，将敦睦书院拆除，此地划分给村民做宅基地使用。1982 年，该旧址已改建为现在的居民商住楼。

敦睦书院——大井头村
农民协会遗址航拍图

夜袭梅塘龙见田战斗旧址

该旧址位于黄江镇龙见田村。

1948 年 9 月 19 日晚上 3 点，经过周密研究，东莞大队在何棠带领下，从北岸村出发，埋伏在龙见田村敌人营房附近。那晚起初月色很好，使部队行动不易隐蔽。过了一段时间，正好乌云盖月，掩护了部队行动，部队于是迅速移动，接近敌人营房。爆破组迅速将地雷放好，地雷一响，突击组即冲入敌人营房里，敌人还在睡梦中，被震得晕头转向，乱作一团，当了俘虏。这次仅用 25 分钟消灭王沛怀中队，缴获 2 挺机关枪和 70 多支长短枪，打伤敌 2 人，一个连除逃走了 2 人外，其余全部当了俘虏。

从此，驻在田心村的麦浩、陈泰两个中队即龟缩在炮楼里，派了他的中队队副陈培找团部谈判讲和，再也不敢到田心村以外的地方活动了。

夜袭梅塘龙见田战斗旧址
航拍图

张军故居

张军故居位于凤岗镇油甘埔村。

张军（1922—1999），原名张吉祥，别名关武，东莞凤岗油甘埔村人。1939 年 7 月加入中国共产党，历任党小组长、支部委员、支部书记。1942 年调到广东人民游击总队宝安大队当手枪队员、政治服务员以及塘沥抗日民主乡长等职。

1944 年 3 月，任广东人民抗日游击队东江纵队独立第三中队（代号"飞鹰队"）政治指导员，与中队长何通、政治委员黄克率领独立第三中队在路东塘沥、凤岗、清溪一带开展游击战争，破坏日军沿线铁路与据点，阻止日军正常通车。同年 7 月 21 日，在袭击平湖车站伪警察中队的战斗中负重伤。伤愈后任塘沥乡首届抗日民主乡乡长。1945 年任东江纵队第二支队第二大队政治教导员、副大队长。

1946 年 6 月，东江纵队北撤后留在广东坚持斗争。后赴香港，在旺角南昌街组织"惠东宝人民救济委员会"，邀请当地有名望的民主人士出任会长，开展统战工作和反内战斗争。1947 年春广东恢复武装斗争后，任惠东宝人民护乡团第三大队大队长。1948 年 4 月任广东人民解放军江南支队第三团团长。1949 年先后任中国人民解放军粤赣湘边纵队司令部参谋处主任、代处长。

中华人民共和国成立后，历任中共珠江地委政策研究室主任、中共粤中地委宣传部教育科科长、广州中医学院办公室主任。1957 年被错划为右派分子。1975 年平反。1984 年离休。1999 年 8 月逝世。

张军故居为普通客家排屋，由三间组成，面阔 11.8 米，进深 10.5 米，墙体有三合土用木板夹墙而成。抗日战争至中华人民共和国成立前夕，张军居于此屋，中华人民共和国成立后张军在广州地区参加工作，不在此地居住。

张军故居航拍图

赵督生故居遗址

该遗址位于塘厦蛟乙塘大围路一巷 58—59 号。

赵督生（1913—1951），东莞塘厦蛟乙塘村人。早年以行医、教书为业，参加中共领导的抗日救亡工作。1937 年 9 月加入中国共产党。

1938 年 10 月，参加东莞抗日模范壮丁队。11 月初任东宝惠边人民抗日游击队第一中队副政治指导员。1940 年 9 月任广东人民抗日游击队第五大队民运队长。1942 年 4 月任广东人民抗日游击总队宝安大队政训室组织干事。1944 年 5 月 15 日，东莞新一区抗日民主政府成立，任区委书记、区长兼生产建设委员会主任。

1945 年 8 月下旬，与王士钊率领东莞新一区的基干民兵，收复了东莞重镇常平。9 月任东江纵队第一支队政治处主任，战斗于东莞、宝安一带。

1946 年 6 月，随东江纵队北撤山东。历任东江纵队干部连副政治指导员、华东军政大学教导团政治部组织股副股长、华东军区后勤军械部政治处副主任、第三野战军后勤军械部组织科长。

赵督生故居遗址航拍图

1949年9月，随军南下解放广东。1950年2月，任中共东莞县委副书记兼县长（后任县委常委兼县长），致力于东莞战后恢复工作。1951年病逝。

因故居老旧，年久失修，2000年已重建，由其儿子打理，用于出租。

东江华侨回乡服务团东宝队队部遗址

该遗址位于清溪镇重河村杨梅岗。

1938年10月，日军入侵东江下游。消息传到海外，旅居马来亚、印度尼西亚的惠属侨胞义愤填膺，纷纷开展救国救乡活动。1939年1月中旬，东江华侨回乡服务团在惠阳县淡水镇正式成立，以动员东江群众协助军队及人民武装抗战，并拯救伤兵难民及辅导民众组织各种救亡团体为宗旨，叶锋任团长。同年3月初，中共东宝联合县委根据粤东南特委指示，在东莞清溪杨梅岗村组建东江华侨回乡服务团东（莞）宝（安）队，队部设在杨锦志家。由王启光任队长，卢克敏、祁烽任副队长，下辖三个分队，最初30人，后来发展到60多人。这些队员大部分是华侨或归侨青年。

东江华侨回乡服务团东宝队队部遗址航拍图

东江华侨回乡服务团东宝队深入东莞、宝安两县农村，开办了数十个战时小学、夜校和识字班，组织了数以百计的姐妹会、妇救会、青抗会、农抗会、读书会、儿童团等抗日救亡团体。利用这些阵地和组织，开展抗日宣传工作。

队员们以家访、教唱歌曲、文艺晚会、大会演讲、出墙报等形式，宣传抗日道理，增强了广大群众的抗日信心。还积极开展救死扶伤和战地服务工作，开设民众服务室，把海外华侨和港澳同胞捐赠的药品、棉衣、粮食转送到群众手中。积极配合抗日部队开展对敌斗争，在日军的每次"扫荡"前，协助抗日部队做好反"扫荡"准备工作，发动群众破坏公路交通，阻滞日军的进攻，组织群众空舍清野和疏散避难，有时甚至直接参战，为抗日救国作出了贡献。

1940年6月，受国民党顽固派掀起的第一次反共高潮影响，国民党东莞县政府查封了东江华侨回乡服务团东宝队队部。该队被迫解散，大部分队员继续在东宝地区坚持抗日斗争。

20世纪90年代，清溪杨梅岗村进行旧村改造，东江华侨回乡服务团东宝队队部遗址被拆除。

杨培故居

杨培故居位于清溪镇重河村杨梅岗。

杨培故居航拍图

杨培，原名杨官生，又名杨力争，生于1915年12月，东莞清溪杨梅岗村人。1938年8月加入中国共产党。1946年7月，任中共东宝县副特派员兼清溪区指导员，负责领导清溪、宝安的隐蔽斗争。

1947年4月任惠东宝人民护乡团第三大队政治委员。1948年3月，任广东人民解放军江南支队第三团副政治委员兼政治处主任。同年4月兼任中共东宝县委常委、副书记。1949年1月任中国人民解放军粤赣湘边纵队东江第一支队第三团政治委员。同年5月兼任中共东宝县委书记。6月任路西县人民政府县长。9月，东莞和宝安分别成立县委和县政府，改任中共东莞县委委员、东莞县人民政府县长。

1949年10月至1950年3月，任东莞县人民政府县长，为东莞解放后的第一任县长。1949年12月至1951年6月，任中共东莞县委副书记。1950年4月至1951年6月，兼任东莞县公安局局长。1951年8月后，历任广东省人事厅处长、广东省商业厅商政处处长、广东省商业厅厅属饮食服务公司经理。1998年8月离休，2009年1月在广州逝世，享年94岁。

杨培故居为两间并排的泥砖瓦房，朝向坐北向南，四周都是民居。1937年杨培离家参加革命后一直没有回来居住，故居交由其女婿管理，2009年1月他在儿子的陪同下最后一次回故居。故居目前已用作出租。

黄庄平故居

黄庄平故居位于石排镇沙角村上围村小组旧围。

黄庄平（1917—1995），原名黄淦康，东莞市石排镇沙角村人，1936年在东莞中学读初中时加入中国青年同盟，组织秘密团体众生研究社，并以此为阵地学习进步书籍，宣传抗日救亡。年底因声援西安事变，被学校当局开除。1937年秋，在莞城力行小学教书，年底加入中国共产党。1938年1月参加东莞抗日自卫团工作队，任工作队中共支部干事；4月在东莞观澜嶂村（今属宝安）组织抗日自卫队；10月任中共深圳总支书记，12月任东莞抗日模范壮丁队工作队队长。1939年至1940年历任中共大朗区委书记、大岭山区委书记，积极配合挺进到大岭山的广东人民抗日游击队第三大队创建大岭山抗日根据地。

黄庄平故居

1941年1月任中共水乡区委书记。1942年7月任中共东莞一线前线县委书记,领导东莞沦陷区人民秘密开展抗日活动。1943年7月任中共增城、龙门、博罗特派员。1945年至1946年任中共博罗县县委书记。1946年8月任中共粤中区副特派员。1947年3月至1948年3月任中共江北(东江以北)地方工作委员会书记。1948年3月至1949年11月,任中共粤赣湘边区江北地委书记。

中华人民共和国成立后,历任广东军区东江军分区副政治委员,中共东江地委委员,中共华南分局党校副教育长、教育长,中共广东省委党校副校长,中共广东省委宣传部副部长,中共广州市委常委、宣传部部长,中共广州市顾问委员会主任等职。1995年3月在广州去世,终年78岁。

黄庄平故居航拍图

黄庄平故居内部（1）

　　黄庄平故居为一间单间青砖瓦房，房屋坐西北向东南，四面都是民居。村子四周被池塘包围，池塘外为农田。黄庄平于1917年8月1日出生于这里，并在这里长大成人，1936年黄庄平参加革命后便不再回来。黄庄平父母相继过世后，从1970年开始，房屋便空置无人居住。此后故居年久失修，残旧不堪。目前故居杂草丛生，屋顶瓦面完全崩塌，门楣青砖部分脱落，大门缺失，一直空置。

黄庄平故居内部（2）

第三篇　其他遗址（16处）

大元帅大本营遗址

该遗址位于石龙镇惠育医院内（现石龙人民医院）。

惠育医院建于 1902 年，是 20 世纪 20 年代广东为数不多的知名的慈善医院之一。占地面积约 4 000 平方米，与石龙商务分会相距仅 30 米。

1923 年 3 月 2 日，孙中山在广州成立陆海军大元帅大本营（大元帅府），第三次在广州建立政权，驻地原设广州，但因军事需要，曾数次把大本营移至东莞石龙。1922 年 6 月，粤军总司令陈炯明公开叛变革命。1923 年 5 月，原接受收编的叛军杨坤如、洪兆麟再度叛变，孙中山命桂军刘震寰和滇军胡思舜部 1 万多人进攻博罗、惠州，并于 5 月 30 日亲赴石龙督战，设行营于石龙车站。自此，孙中山多次到石龙布置和指挥战斗。同年 6 月 4 日，孙中山又到石龙。石龙人民在贝底水街的惠育医院接待孙中山。孙中山与欢迎代表在惠育医院正门前合影留念，并在此与侍卫长和大本营一位参谋合影。7 月，孙中山把大本营移至石龙惠育医院。

石龙沿东江与惠州相距不到 100 公里，若进攻东边的惠州要通过博罗县或惠阳县。为指挥方便，孙中山常乘坐战船早出晚归，或在船上停留，实际上

大元帅大本营遗址航拍图

战船成了孙中山的办公室。战船常停泊于东江北干流南岸，距惠育医院数百米。战船停泊的对岸便是为讨陈而建的飞机场。由于战斗激烈，稍重的伤病员都运至石龙，战地医院不够，便常送到惠育医院。惠育医院一时也成为野战医院。孙中山常到惠育医院探望伤病员并在此召开会议。

　　1923年8月6日，孙中山召滇军总司令杨希闵到石龙商讨军务，23日又召粤军总司令许崇智在此研究作战方案。9月，叛军陈炯明部主力从闽南回师援惠，迫使惠城解围。孙中山不得不把大本营从石龙迁回广州。

　　11月12日，叛军洪兆麟部、杨坤如部占领石龙，孙中山把大本营和行营撤至增城石滩。20日收复石龙，孙中山再把大本营迁回石龙。1924年8月，广州商团暴乱，为镇压叛乱，孙中山不得不离开石龙返回广州。大本营和行营也同时撤出。

　　1924年10月，广州商团叛乱平息，孙中山复来石龙，大本营和行营也同时设立在石龙。11月，为与军阀谈判，孙中山北上北京。1925年3月12日孙中山在北京逝世。据1925年3月25日报载，滇军司令部和大本营、行营从惠育医院迁出。7月1日，中华民国国民政府宣告正式成立，取代了大元帅大本营。

　　抗日战争和全国解放战争时期，惠育医院在战火硝烟中几度被毁。1948年，东莞民间组织明伦堂正式接管惠育医院，并拨款重建，惠育医院成为国民政府公立医院。1949年10月，惠育医院由东莞县军事管制委员会接管，更名为石龙人民医院。2014年，改名东莞市第三人民医院。

大元帅大本营遗址

石龙中山纪念堂

该纪念堂位于石龙镇中山公园内。

中山纪念堂坐北向南，为二层砖木石结构，后改钢铁金字架。长42.2米，宽26米，建筑面积1 200平方米。纪念堂为纪念孙中山先生而建，1934年由石龙乡民集资兴建，1937年落成。

1925年2月，为讨伐盘踞在东江地区的军阀陈炯明，广东革命政府组织了第一次东征，因石龙水陆交通发达，商贸繁荣，靠近广州，孙中山带领东征军进驻石龙并把大本营设于石龙，多次来到石龙指挥作战。在第一次东征中，东征军击溃了陈炯明的军队，但此时广州发生了杨希闵等军阀的叛乱，东征军不得不回师广州，结束了第一次东征。其间孙中山于1925年3月因病去世。

孙中山与石龙人结下深厚的革命情谊。他逝世后，石龙人民为缅怀他的革命业绩，把石龙公园改名为中山公园。1929年，把9条小街道扩宽并更名为中山路。1933年，动工兴建中山纪念堂。1937年完工，共有二层，可坐1 300人，内设一大舞台，其规模在当年全国县乡（镇）级孙中山纪念堂中是罕见的。抗战胜利后孙中山纪念堂改作石龙中学礼堂。1950年石龙解放后重修，曾经改建为石龙影剧院，2015年重建。

石龙镇重建中山纪念堂全体工作人员摄影留念（1950年9月27日）

　　2008 年 4 月，中山纪念堂遗址所在中山公园被东莞市精神文明建设委员会命名为东莞市爱国主义教育基地；2012 年 10 月，包括中山纪念堂在内的石龙中山公园史迹被广东省人民政府公布为第七批广东省文物保护单位。

石龙中山纪念堂内部

凯旋门

　　凯旋门位于石龙镇原中山公园正门（北口）。

凯旋门

凯旋门始建于 1945 年，2003 年重修，现状保存良好。宽 9.92 米，深 1.36 米，高 9.5 米，通体外贴麻石，门额两面均刻隶书"凯旋门"三字。1945 年 8 月 15 日，日本宣告无条件投降。中国军民经过多年艰苦卓绝的浴血奋战，终于迎来了全国抗日战争的伟大胜利。

1945 年 10 月初，国民革命军新编第一军第 30 师 88 团进抵石龙，接收日军防务。随后在石龙中山公园内建凯旋门以作抗战胜利纪念。

2012 年 10 月，包括凯旋门在内的石龙中山公园史迹被广东省人民政府公布为第七批广东省文物保护单位。

蒋光鼐故居

蒋光鼐故居位于虎门镇南栅村三蒋自然村。

蒋光鼐故居，又名荔荫园，该园以广植荔枝得名，清道咸年间，由抗日名将蒋光鼐祖父蒋理祥创建，后废置。1930 年，蒋光鼐在祖园辟建一座西洋别墅式楼房，名"红荔山房"，占地面积 223 平方米，为钢筋水泥结构二层建筑。1946 年，蒋光鼐故居进行重修。1986 年，蒋光鼐家属将故居捐献给国家，1987 年蒋光鼐后人和当地村委会进行了简单的维护。2001 年，东莞市文化局和虎门文化站委托文物专家制订详细的修缮方案，并严格按照《文物保护法》拨专款进行维修。故居至今保存完好，故居内设有蒋光鼐生平事迹展览，有专门的管理机构，管理人员 5 名，每年都有独立的管理经费。

蒋光鼐故居

蒋光鼐故居正面

　　蒋光鼐（1888−1967），字憬然，1888 年生于虎门南栅村。毕业于保定军校，早年加入同盟会，曾任孙中山大本营卫士营营长。1926 年参加北伐，任国民革命军第 11 军副军长兼第 10 师师长。1930 年任国民革命军第十九路军总指挥。1932 年 1 月 28 日，与十九路军军长蔡廷锴率部英勇抗击侵沪日军。淞沪抗战中，迫使日军三易其帅，四次增兵，沉重打击了日本帝国主义的嚣张气焰，在中华民族反抗外国侵略的历史上，留下了可歌可泣的悲壮一页。蒋光鼐、蔡廷锴也因此成为闻名中外的抗日名将。

　　1933 年，参与发动福建事变，主张反蒋联共抗日。1937 年 7 月，抗日战争全面爆发后，他回到家乡东莞抗日，组建广东民众抗日自卫团第四区统率委员会，担任主任委员，组织成立东莞、宝安、增城各县抗日自卫团。后任第七战区副司令长官，率部在韶关、曲江、南雄一带与日军作战。1946 年参与发起中国国民党民主促进会，1948 年参与组建中国国民党革命委员会。中华人民共和国成立后，历任国家纺织工业部部长、全国政协常委、中国国民党革命委员会中央常委等职。1967 年 6 月在北京病逝。

　　蒋光鼐故居于 1989 年被东莞市人民政府公布为东莞市文物保护单位。2002 年 7 月，被广东省人民政府公布为广东省文物保护单位。2008 年 4 月，被东莞市精神文明建设委员会命名为东莞市爱国主义教育基地。

朱执信纪念碑

该纪念碑位于虎门镇鹅公山东侧执信公园内。

朱执信（1885－1920），名大符，广东番禺人。1904 年赴日本留学，1905 年加入同盟会。常在《民报》撰文宣传革命。回国后，先后在广东高等学堂、政法学堂和方言学堂任教，并秘密联络民军进行武装起义。1910 年与赵声、倪映典等发动广州新军起义。次年参加黄兴领导的广州起义（黄花岗之役）。武昌起义爆发后，在广东发动民军起义，促成广东光复。广东独立后任广东军政府总参议。1913 年参加二次革命失败后赴日本。1914 年在日本加入中华革命党。1917 年参加护法运动，任孙中山大元帅府军事联络及掌管机要文书职。1918 年随孙中山到上海，负责筹款及军事联络工作，创办《民国日报》副刊《星期评论》及《建设》杂志；参加新文化运动，倡导白话文，介绍社会主义思想。1920 年 9 月，受命赴虎门调停民军与桂军的冲突，同年 9 月 21 日，在虎门东校场被桂系守军杀害。1930 年 7 月 10 日，国民党第三届中央执行委员会第 100 次常务会议通过，定 9 月 21 日为"先烈朱执信先生殉国纪念日"。

为纪念在虎门殉难的中国近代资产阶级民主革命家朱执信先生，蒋光鼐发起捐资为其立碑。纪念碑于 1923 年建成，1931 年重建。碑高 7.2 米，碑座边宽 2.6 米，用光面花岗石砌成。碑柱正面上方铭刻"朱执信先生纪念碑"8 个隶书黑字，碑座正面铭刻颂扬朱执信事迹的碑文。曾任南京国民政府代理主席和国民党中央政治会议主席的胡汉民，于 1931 年 12 月和 1932 年 3 月分别撰写碑名和碑文。"文化大革命"时被"造反派"填塞碑铭，1986 年由虎门镇政府和海军医院修缮复原。

1990 年 2 月，朱执信纪念碑被东莞市人民政府公布为东莞市文物保护单位。2008 年 11 月，被广东省人民政府公布为广东省文物保护单位。

朱执信纪念碑

虎门抗日阵亡将士暨死难同胞纪念碑

该纪念碑位于虎门镇则徐社区鹅公山山顶。

1938年10月23日，日军占领虎门。虎门军民继承反帝反侵略光荣传统，奋起反抗，写下了华南地区抗战史上可歌可泣的光辉篇章。抗战胜利后，为告慰阵亡忠魂和死难同胞，当地政府发动虎门各界人士捐资，在鹅公山顶修建"虎门抗日阵亡将士暨死难同胞纪念碑"。1946年4月20日，纪念碑建成，太平29个团体及虎门驻军总共3 000余人集合举行揭幕典礼及公祭大会，对阵亡的抗战将士和死难同胞致以哀悼。这座纪念碑已成为虎门军民不屈不挠、浴血奋战、英勇杀敌的象征，也成为日军侵略罪行的有力见证。20世纪50年代，海防部队在碑顶加建了一个圆形的瞭望台，并在碑的一侧安装了10多级高的钢筋扶梯，便于民兵上下碑顶观察海防情况。20世纪60年代起，纪念碑碑顶的瞭望哨撤销，瞭望台变身成为游客的观景台。目前，这个瞭望台和钢筋扶梯也已破损不堪。

纪念碑坐东南向西北，三级台阶，由碑座和碑体组成。方形碑座，平面呈折角方形，边长2.15米，碑体为四棱锥形，通高8.75米（原碑高6.35米，加建的瞭望台高2.4米），水泥混凝土结构，目前，整座纪念碑被灌木丛遮掩，碑身表面灰沙脱落，碑名只残存"同胞纪念碑"5个字。

虎门抗日阵亡将士暨死难同胞纪念碑

横坑抗日义士纪念碑

该纪念碑位于寮步镇横坑村西面的豆腐岭附近。

为纪念抗日战争时期抗击日军而牺牲的寮步良横乡（即现在的横坑、竹园、上屯、霞边、新旧围、岭厦、下岭贝七个自然村）的 54 名村民而建。

1939 年 7 月 4 日，驻东莞日军得到汉奸送来的情报，说良横乡有抗日武装，于是出动 300 多人进犯良横乡的横坑村。良横乡联防自卫队奋起抗敌，提出"人在阵地在，人亡阵地亡"的壮烈誓言。战况十分激烈，由早晨一直打到下午，敌我双方展开肉搏战。日军最后攻陷横坑村，大肆烧杀抢掠。

这场战斗，良横乡联防队牺牲 54 人，负伤 20 人，毙伤日军 30 多人。这是一场平民百姓与日本侵略军进行的一场阵地战，是自发的民众抗日武装以差劣装备、为保卫家乡而进行的一场英勇的抗日斗争。当年，香港、南洋各地侨报纷纷报道此事件。1942 年，东莞县政府向广东省政府提出《东莞县良横乡民抗敌伤亡请恤案》，同年 10 月 29 日广东省政府第九届委员会第三七五次会议作出决议，同意列入省预算恤金拨支，并褒誉良横乡民众"奋勇抗敌""忠勇可嘉"。

横坑抗日义士纪念碑

这场战斗结束后，乡民把牺牲者集中葬于横坑村后的乌榄园，取名"抗日义士坟"。1995 年，横坑村委会把原来的土坟搬迁到矮岭山，改建成一座墓园，占地面积 308 平方米，坐西向东。园中立一座纪念碑，名为"抗日义士纪念碑"。纪念碑底座为正方体，总高度 8.8 米，碑前建一座墓，名为"抗日义士之墓"，墓内埋葬 54 名村民的遗骨。

2004 年，横坑村委会因规划建设需要，拆迁原有的抗日义士墓、碑，在豆腐岭附近重建抗日义士纪念碑。整座纪念碑用花岗岩砌成，建筑面积 60.84 平方米。碑座为正方体，边长 3.8 米，高 1 米，里面安放 54 位抗日义士骨灰盅。碑身雕刻成一本翻开的书，右页为碑文，记载良横乡人民英勇抗击日军的事迹，左页刻着 54 位抗日义士英名。重建的横坑抗日义士纪念碑，设计新颖，寓意深刻。

饭盖岭战斗遗址

该遗址位于企石镇企石村北面，现黄大仙公园至金海岸体育长廊一带东江河岸。

饭盖岭战斗遗址航拍图

1938 年 10 月 21 日，300 多名日军分乘 7 艘木船从惠州方向沿东江顺流而下，进入企石境内后，日军一路枪杀东江沿岸村民，激起义愤。当日下午 3 时许，企石村民姚亚渠、黄满球、黄衍祥等组织了 200 多人枪，在企石村百骨山一带江面截击日军。当时驻企石长和圩五分庙的国民党军队第 153 师某连，一名排长请缨率 20 余人参加战斗。下午 5 时左右，2 艘日船冲出包围驶向下游，被村民击沉 1 艘，另 1 艘在饭盖岭下游强行登陆，30 多名日军冲向饭盖岭抢占制高点。国民党军队排长命部分官兵掩护村民撤离，自己率 10 余人与日军展开饭盖岭高地争夺战。激战至傍晚 7 时，日军攻占了饭盖岭，8 名国民党军队士兵战死在饭盖岭，1 人受伤跌落山脚逃脱，排长等 3 名官兵被俘于次日遇害。

此战，击沉日船 3 艘，在饭盖岭打死日军 16 人，击毙船上日军及沉船溺毙者无法统计，缴获枪支及军用品一批；国民党军队官兵死亡 11 人，村民 1 人伤重死亡，另有 6 人受伤。当年截击日军的东江饭盖岭至百骨山一带弯曲江面，现已填埋改为东江大道。

燕窝五仙潭抗日斗争遗址

该遗址位于石排镇燕窝村。

燕窝五仙潭抗日斗争遗址航拍图

燕窝五仙潭抗日斗争遗址

抗日战争时期，日军占领了石龙，经常派出小股部队到附近村庄骚扰百姓，搜寻抗日部队踪迹。据燕窝村民回忆，1943年冬，一个中队的日军窜入燕窝村袭扰群众。半个月后，两名日军再次窜入燕窝村掳人抢劫。大多数村民被迫躲到村后的山岭上。当时有一个妇女来不及躲避，被日军抓住，后寻机逃到后山。两名日军追赶村妇时，被隐藏在后山小路边的村民王渭枝、王渭培、麻包（外号）二人合力打死其中1人，但让另 名日军逃脱了。

随后，村民们把日军尸体用麻袋装起来，绑上石头，丢在燕窝村外面的一口深潭里面（现大博士幼儿园附近）。几天后，腐尸被水浸泡发胀浮上水面。村民再次将日军尸体用麻袋包着，重新绑上石头，沉入燕岭山中比较隐蔽的五仙潭里。

一个星期之后，日军派出部队到燕窝寻找失踪士兵，抓住外号叫"扁头叶"的村民，逼他带路到五仙潭，并用一台大功率抽水机连续抽水一天一夜寻找尸体。但潭里的水无法抽干，日军毫无所获。燕窝村民也辩称杀死日军的是外地的一名陌生人而不是本村村民。但日军一口咬定燕窝村与失踪日军有关而勒索村民。在日军的威逼下，燕窝村民被迫答应到石龙日军部队赔礼道歉。

第二天，村里的老人挑着礼物去石龙赔礼，途经燕岭摩崖石刻时，被早已埋伏于此的日军射杀，仅一人生还。

莫公璧殉难纪念碑

该纪念碑位于石龙镇中山公园内。莫公璧殉难纪念碑坐北向南，长 7.26 米，宽 6.01 米，通高 8.73 米。

1938 年 10 月 17 日清晨，石龙中学校长莫公璧带领部分师生，准备前往峡口桥集合，向广西进发，沿途宣传抗日。教师刘伯荪带领部分学生先行，莫公璧与教务主任赖士尊、体育老师谭任贤随后起行。当天上午 9 时，莫公璧一行经过石龙中山路友昌茶楼时，遭到日军战机投弹轰炸，友昌茶楼被炸，茶客及茶楼员工数十人遇难。先行到峡口桥的刘伯荪师生见石龙方向被日机轰炸，许久不见莫校长等人到达，便派人回石龙了解情况，留守人员说他们早已起程。于是到被炸的友昌茶楼废墟挖掘，在瓦砾中找到莫公璧的手枪执照，证实他们已经遇难，友昌茶楼老板也证实此事。

为纪念在 1938 年抗日救亡运动中被日机轰炸遇难的石龙中学校长莫公璧，石龙各界于1947 年 6 月立莫公璧殉难纪念碑。纪念碑正面以隶书体刻上"莫故校长公璧殉难纪念碑"11 个字，落款为行书体，刻有"张发奎敬题"5 个字（张发奎时任国民政府军事委员会委员长广州行营主任）。基座上镶嵌民国时期建碑委员会于 1947 年所立石龙各界纪念莫公璧的碑文。"文化大革命"时被毁，2003 年重立，2006 年重修。

2012 年 10 月，包括莫公璧殉难纪念碑在内的石龙中山公园史迹被广东省人民政府公布为第七批广东省文物保护单位。

莫公璧殉难纪念碑

国殇冢

国殇冢位于道滘镇闸口村大滘河入口处。

原址为清末一卢姓人家住宅。1949 年 2 月 24 日拆除原民宅，改建国殇冢，以纪念抗日战争时期被日军屠杀的死难者。同年 3 月 28 日，国殇冢揭幕。国殇冢长 20 米，宽 8.6 米，占地面积 172 平方米。中间建有一四方亭，名"六一一亭"，长 4.25 米，宽 5 米，高 3.4 米，亭名为抗日名将蒋光鼐题写。亭内现存北伐战争时期曾任国民革命军第五军军长李福林题赠的楹联，联曰："碧血常新，精魂不灭；大江如画，烈魄归来。"1998 年底，由道滘镇人民政府拨款对国殇冢进行重修，至今保存较好。

1941 年 8 月 3 日（农历闰六月十一日）早上 7 时，日军数百人分乘电船（机动轮船）、橡皮艇，从几条河口冲进东莞济川乡。日军入村后，分头打开各居民门户，把男女老少拉出屋，分为三个集中点，其中一个是闸口坊卢宅。日军把闸口的千余名男女老少集中在卢氏祠堂外空地上，迫交枪支弹药，并将男女分开两队，女人小孩入卢氏宗祠，将五六百名男子迫入卢宅，然后将门锁实，再往屋内施放毒烟。几个人扒开瓦面逃了出去，被日军发觉后当即开枪打死。日军施放毒烟 5 次，不少人中毒身亡。第二天早晨，日军把人放出来，再次迫交军火，乡民交不出，再遭日军殴打，一直到下午才放人。

国殇冢

六一一亭

据 1941 年国民党广东省保安司令部的《情报汇编》旬刊记载，在这次事件中，被毒烟熏死或打死的村民共 100 多人，被打伤的村民有 200 多人。1949 年建"六一一亭"时刻上姓名的有 61 人。这次事件史称"道滘六一一惨案"。

国殇冢现存碑刻 19 块，每块均为名人题词。国殇冢其名及碑文由筹建期间任国民党东莞县县长的何峨芳题写。国民党广东省党政军著名人物李扬敬、薛岳、余汉谋、黄国梁、徐景唐、王光海、林翼中、张建、王若周、张我东等人题词立碑。

1979 年 8 月，国殇冢被东莞县人民政府公布为东莞县第二批县级文物保护单位。2002 年 7 月，被广东省人民政府公布为广东省文物保护单位。2008 年 4 月，被东莞市精神文明建设委员会命名为东莞市爱国主义教育基地。

李章达故居

李章达故居位于莞城区东正社区石冲街 14 号，始建年代不详。

李章达（1890—1953），东莞县后坊人。曾参加武昌起义、讨袁战争、抗日救国运动等。先后担任大元帅府警卫团长兼参军；国民政府广州公安局局长、福建省政府秘书长、政府中央委员兼政治保安局局长；后退出国民党，全面抗战爆发后，任广东第四战区游击司令、第四战区军法执行总监等职。1949 年中华人民共和国成立后，历任中央人民政府委员、广东省人民政府副主席兼广州市人民政府副市长、中南军政委员会行政委员会委员、广东各界人民代表会议协商委员会副主席等职。

其故居坐北向南，为二进二连廊三开间结构。总面阔 9.25 米，总进深 18 米。红砂岩勒脚、门框，青砖墙体面刷白石灰水，硬山顶，瓦面；首进为红阶砖铺地，二进改为现代瓷砖地。内部结构局部增加隔断。

李章达故居

广九铁路石龙南桥

该桥位于石龙镇兴龙社区，横跨东江南支流。

此桥于清光绪三十三年（1907）8 月动工，宣统三年（1911）3 月建成。该桥横跨东江，为单线铁路大桥，钢石木混凝土混合结构，共 5 孔，全长 324.8 米。

在民国时期，石龙作为国民革命军讨伐陈炯明的东征大本营，孙中山、蒋介石、周恩来曾多次乘坐火车来石龙视察阵地，指挥战事。广九铁路石龙南桥为当时重要的交通要道，在保障国民革命军兵力运输和后勤保障方面发挥了重要作用。

1937 年全面抗战爆发后，日军对广九铁路频繁轰炸，该桥多处中弹穿孔。1938 年春，日军集中轰炸广九铁路石龙南桥。同年 10 月，为阻挡日军南侵，守军奉命炸毁石龙南桥两个桥墩，桥体下陷，广九铁路交通中断。1943 年日军修桥，于 1944 年恢复通车。

广九铁路石龙南桥

该桥曾为粤港交通运输及经济建设发挥了重要作用。现与石龙南特大桥、四线石龙南桥并立，见证了广深铁路发展及中国桥梁技术的进步，具有较重要的历史、文物、军事的价值和爱国主义教育意义。

2013年3月5日公布为全国重点文物保护单位。2008年国家文物局将广深铁路石龙南桥旧址列为第三次全国文物普查147处重要新发现之一。

李文甫纪念亭

该纪念亭位于石龙镇中山东社区中山公园内东北角山丘上。

李文甫（1890－1911），字炽，号夷丘，幼年受业于石龙镇塾师袁光伯。1908 年在香港参加同盟会，与胡汉民等成立南方支部，负责《中国日报》，兼任《时事画报》主笔。1910 年参加广州新军起义。翌年在广州黄花岗之役中被捕就义，为黄花岗七十二烈士之一。

纪念亭始建于 1924 年，于 1993 年公布为东莞市文物保护单位，2003 年重修成现状。

2012 年 10 月，包括凯旋门在内的石龙公园史迹被广东省人民政府公布为第七批广东省文物保护单位。

李文甫纪念亭

石潭埔江源小学校旧址及碉楼

该旧址及碉楼位于塘厦镇石潭埔社区裕民街 76 号。

据说，旧社会村与村之间经常发生械斗。当时，石潭埔村民经常与林村及莲湖村民发生矛盾。经全体村民共同商议后，全村动员，一起担沙石，将炮楼建成，用作瞭望塔，并派村民负责看哨，若发现林村或莲湖的人前来偷袭，负责看哨的村民便吹响口号，或打锣鼓通知全村人一起拿齐耕具准备搏斗。后来，炮楼被日军占领，用于监视村民活动。

1941 年 8 月，国民党驻塘厦第八区团长徐东来带领国民党军队兵分三路，从樟木头、石马、塘厦方向向抗日部队所在地压过来，并用迫击炮、重机枪等武器轮番攻击，敌人分别藏身在石潭埔旧围厅厦、新围厅厦和炮楼里。黄万顺在战斗中不幸被敌人擒拿，并押送到石潭埔江源小学校后面的炮楼里面，以待处决。

黄克获悉后派黄锡良等人携带着重约一吨的炸药前去营救，后得知黄万顺在被擒当日便被国民党反动派枪杀。如果采取炸毁炮楼的战斗方式，即会祸及江源小学校这座革命学校，因此，游击队放弃使用大型炸药轰炸方式，而改用枪击作战。

石潭埔江源小学校旧址及碉楼航拍图

　　江源小学炮台于民国十五年（1926）建成，炮楼位于原江源小学校后面，楼高 7 层，占地面积约为 36 平方米。炮楼作为全村的瞭望塔，内无陈列物件，但是该炮楼由于日久失修，里面的梯子已经损毁严重，虽然居民多次提出重修江源小学炮楼，但由于资金问题，一直耽搁该修缮工作，近年来已禁止游人进内参观。

碉楼内部

晚翠公祠——日军签降旧址

　　晚翠公祠位于茶山镇南社村古建筑群。

　　1938 年 10 月 19 日，石龙沦陷，日军为在太平洋战事中打开局面，确保广九铁路运输畅通无阻，在铁路沿线实行碉堡政策。因为广九铁路上有个南社火车站，因此在 1945 年 7 月，日军一支小分队进驻南社应洛公祠，在南社火车站对面一个土名叫"步狗岭"的小山头上建了一个碉楼，以此镇守南社火车站。

　　1945 年 8 月日本天皇宣告无条件投降后，9 月 2 日上午 9 点多，国民党新一军一名姓杨的连长，带着一支队伍进入南社，在日军驻守的应洛公祠对面摆开队形，直接向日军喊话，要求他们缴械投降。约 10 分钟后，两名身挂指挥刀的日军走出来，与杨连长等人进入晚翠公祠。大约 20 分钟后，新一军的杨连长等人，押着两名日军头目走向应洛公祠，只听日军头目一声口令，所有驻南社的日军全部缴械投降，由杨连长等人押着到南社火车站集中。

晚翠公祠——日军签降
旧址航拍图

　　晚翠公祠——日军签降旧址建于明万历三十八年（1610），为二进三开间结构，于2006年被国务院公布为第六批全国重点文物保护单位。2002年被广东省人民政府公布为第四批广东省文物保护单位。该旧址于1937年、1998年进行全面修缮；2016年对地面、下水道、左廊梁架、首进瓦面开展修缮。

晚翠公祠——日军签降
旧址

晚翠公祠——日军签降
旧址内部

后　记

　　东莞市红色资源比较丰富，大革命和土地革命时期是广东工农革命运动的先进地区，抗日战争时期是我党开辟的华南抗日根据地的重要组成部分，解放战争时期是华南解放战争的重要战场之一，革命先烈和先辈们在东莞留下了许多革命足迹和革命遗址，成为东莞市丰富的红色资源和宝贵的精神财富。

　　本书共收录了 159 处遗址，其中 117 处红色革命遗址，26 处红色革命遗址重要线索，16 处其他遗址，全面立体地呈现了东莞市的革命遗址基本情况。

　　本书是在中共东莞市委宣传部的领导下，东莞市委党史研究室全体党史工作者们辛勤劳动的集体成果。在本书的编写过程中，不仅得到了中共广东省委党史研究室的指导和帮助，而且市文化广电旅游体育局、市退役军人事务局、各镇街也予以大力支持。在此，一并表示诚挚的谢意。

　　本书展示了东莞市革命遗址普查工作的成果，起到了集东莞市党史征集研究和宣传教育于一体的重要作用。它的出版发行，必将成为党员、干部群众认识、学习、研究东莞地方党史、革命史的一本重要史料。

　　由于资料搜集难以穷尽，编辑人员水平有限，本书难免有错漏和不当之处，敬请广大读者批评指正。

中共东莞市委党史研究室

2021 年 6 月